인생을 바꾸는
아침 30분 독서

30PUN NO ASADOKUSHO DE JINSEI WA KAWARU
Copyright ⓒ 2011 by Shinnosuke Matsuyama
Korean translation rights arranged with Chukei Publishing Company
through Japan UNI Agency, Inc., Tokyo and Korea Copyright Center Inc., Seoul

이 책은 (주)한국저작권센터(KCC)를 통한 저작권자와의 독점 계약으로
책비에서 출간되었습니다. 저작권법에 의해 한국 내에서 보호를 받는
저작물이므로 무단 전재와 복제를 금합니다.

인생을 바꾸는
아침 30분 독서

마쓰야마 신노스케 지음 · 서수지 옮김

책밥

독서는 다만 지식의 재료를
제공할 따름이다.
그 지식을 자신의 것으로 만드는 것은
사색의 힘이다.

__ 존 로크(영국의 철학자)

 책을 시작하면서

스스로도 놀란 '아침 독서'의 효과

내가 아침 30분 독서로 인생이 바뀐다고 말하면 대부분의 사람이 얼토당토않은 주장이라며 설레설레 손사래를 치거나 훼이훼이 고개를 내젓는다.

"아침에 고작 30분 동안 책을 읽는다고 해서 인생이 바뀐다고요? 세상에 그렇게 쉬운 방법이 있으면 성공 못하는 사람이 없겠네요. 분명히 책인지 뭔지를 팔아먹으려는 과장 광고겠죠."

"아침에 밥 한술 뜰 시간도 없는데 책을 읽으라고요? 에이, 그럴 시간이 어디 있어요."

"근데 왜 굳이 아침에 책을 읽으라는 거죠? 밤에 읽으면 안 되나요?"

"아침에 책을 읽으면 뭐가 좋은데요? 밥이 나와요, 돈이 나와요?"

"책을 읽으려고 일찍 일어나기는 싫어요. 차라리 30분 더 자는 게 피로도 풀리고 낫죠."

이 책의 제목인 '아침 30분 독서'를 본 대다수 독자들의 반응도 이와 비슷하지 않을까? 아마 20대 시절의 내가 서점에서 이 책을 봤더라도 비슷한 반응을 보였으리라.

지금은 아침 독서 전도사가 되어 아침 독서에 관한 책까지 쓰게 되었지만, 나 역시 고작 30분의 '아침 독서'가 인생 역전에 가까울 정도의 변화를 일으키리라고는 꿈에서조차 상상하지 못했다. 그러니 여러분이 보내는 의심의 눈초리는 지극히 당연한 현상이다.

 아침형 인간도, 애서가도 아니었던 내가…

아침 독서를 시작하기 전까지 나는 지극히 평범한 회사원으로 살았다. 콩나물시루같이 복작이는 전철에서 이리치이고 저리 치여 가까스로 회사에 도착하면, 이미 하루 종일 일한 것처럼 기진맥진. 잠시 숨 돌릴 틈도 없이 상사의 지시가 숨 가쁘게 이어진다. 컴퓨터를 켜면 처리해야 할 클레임이 산더미처럼 쌓여 있어, 정신없이 대응하다 보면 눈 깜짝할 사이에 오전이 지나고 점심시간이 된다. 내 인생을 산다기보다 누군가가 만들어놓은 인생에 필사적으로 맞추며 살아간다는 생각을 떨쳐낼 수 없었다.

그러던 어느 날 나는 결심했다. 더 이상 사람들로 붐비는 시간에 출근하지 않겠다고! 그리고 바로 그날부터 첫차를 타고 출근하기 시작했다. 책을 읽게 된 동기는 단순했다. 도심에서 멀리 떨어진 교외에 살다 보니 매일 편도 2시간을 전철 안에서 보내야 했는데, 2시간이면 신문을 읽는 정도로는 시간이 남아돌아 심심풀이 삼아 책을 읽게 되었던 것이다. 평소에 책을 읽는 습관이 없었던 나는 일단 회사 도서관에서 시간 때우기에 적절해 보이는 책을 빌려 와 읽기 시작했다.

출근 시간에 책을 읽는 습관이 어느 정도 자리를 잡자, 기왕 일찍 나온 김에 아침에 읽은 책의 서평을 정리해서 동료들에게 이메일로 보내자는 기특한 생각을 하게 되었다. 기분파에 오지랖이 넓은 성격인 나는 누가 부탁도 하지 않았는데 동료들에게 멋대로 서평을 돌리기 시작했다. 그런데 신기하게도 서평을 쓰고 보내는 과정이 콧노래가 나올 정도로 즐거웠고,

그러다 보니 자연스럽게 매일 서평을 쓰게 되었다.

 '아침 독서의 매력'에 빠져 인생이 변했다

우여곡절 끝에 일찍 일어나 책을 읽고, 읽은 책의 내용을 동료들에게 전하는 일이 하루 일과로 자리 잡자 내 생활에 차츰 변화가 나타나기 시작했다.

일찍 일어나 사무실에서 자리를 지키고 있기만 했을 뿐인데도, 일찍 출근하는 부지런한 사람이라며 주위에서 나를 보는 눈이 달라졌다. 게다가 아침 독서를 시작하며 '로지컬 씽킹'에 흥미를 느껴 관련 서적을 읽으면서 검사 겸사 프레임워크와 가설사고 등 MBA 스타일의 사고법을 공부했고, 시험 삼아 업무에 적용했더니 놀랍게도 업무 효율까지 향상되었다. 쉽게 말해 아침 독서의 덕을 톡톡히 본 셈이다.

또 일찍 일어나 책을 읽는 습관 덕분에 남들보다 앞서 나간다는 자신감과 여유를 얻으며, 비상사태나 클레임에도 한층 냉철하게 대처할 수 있게 되었다. 이것은 모두 아침 독서를 시작하기 전에는 상상도 하지 못했던 변화다. '아침 독서의 매력'이라고 할 수 있는 불가사의한 변화를 제일 먼저 나 스스로 체험했던 것이다.

'일찍 일어나기' × '독서' × '소통'으로 시너지 효과를 일으킨다

나는 이 책에서 독자 여러분께 3가지를 제안하고자 한다.

첫째, 아직 세상이 움직이기 전인 이른 아침에 일어나는 습관을 기른다.
둘째, 출근하기 전에 30분 동안 책을 읽는 시간을 만든다.
셋째, 읽은 책의 내용을 바탕으로 주위와 '소통'한다.

'일찍 일어나기' × '독서' × '소통', 이 세 가지가 시너지 효과를 일으키면 인생을 변화시키는 '스위트 스폿(Sweet Spot)'에 들어갈 수 있다. '스위트 스폿'이란 적은 힘으로도 최대의 효과를 낼 수 있는 일종의 '절대 영역'을 말한다. 아무 목적 없이 일찍 일어나는 일은 울며 겨자 먹기, 요컨대 고행이나 다름없다. 마찬가지로 독서도 습관이 되지 않으면 꾸준히 지속할 수 없다. 또한 소통에 거부감을 느끼는 사람도 많다. 그러나 이 3가지를 동시에 실천하면 일찍 일어나기도, 독서도, 소통도 모두 즐거움으로 바뀐다. 말하자면 '일찍 일어나기' × '독서' × '소통'의 교집합이 '스위트 스폿'인 셈이다. 평범한 회사원이었던 내가 할 수 있었던 일이라면 여러분도 할 수 있다.

이 책에는 지금까지 내가 시행착오를 거치며 터득한 '일찍 일어나기' × '독서' × '소통'의 비결이 알차게 담겨있다. 아침 독서로 인생을 바꾼다는 말이 과장으로 느껴질 수도 있겠지만, 속는 셈치고 부디 일주일만 아침 독서를 실천해 보기 바란다. 지금까지 깨닫지 못했던 새로운 가능성의 문이 활짝 열리는 느낌을 맛보게 될 것이다.

CONTENTS

책을 시작하면서 • 6

Chapter. 1 아침 (Morning)
시간에 휩쓸리지 말고 스스로의 힘으로 헤엄치자

01 일찍 일어나면 24시간이 온전한 '내 것'이 된다 • 18
02 하루 24시간을 '개인 시간'과 '타인 시간'으로 나눈다 • 23
03 **일찍 일어나기의 이점 ①** 온 회사가 내 편이 된다 • 27
04 **일찍 일어나기의 이점 ②** 사랑하는 사람과 보낼 '소중한 시간'이 늘어난다 • 31
05 **일찍 일어나기의 이점 ③** 갑작스럽게 불거진 문제에도 동요하지 않는다 • 33
06 **일찍 일어나기의 이점 ④** 작은 기쁨을 느끼는 만남이 늘어난다 • 37
07 3가지 '습관'을 버리면 자연스럽게 일찍 일어나게 된다 • 43
08 '누군가를 위해' 일찍 일어난다 • 50

Chapter. 2
독서
(Reading)

'저자와의 대화',
'나와의 대화'를 즐기자

01 아침에 책을 읽으면 어떤 점이 좋을까? • 58
02 책은 생각을 넓히기 위한 도구 • 63
03 영상은 스스로 생각하는 데 방해가 된다 • 70
04 아침 독서는 '집 이외의 장소'에서 하자 • 75
05 독서는 저자의 인생을 몇 시간이나마 간접 체험할 수 있게 한다 • 79
06 좋은 책은 일곱 번이라도 다시 읽자 • 83
07 좋은 책을 만날 때까지 아침 독서를 계속하자 • 87
08 나만의 '양서'를 찾는 방법 • 92
09 다른 사람에게 소개받은 책이 세계를 넓혀준다 • 94
10 책은 깨끗이 봐야 한다는 집착을 버린다 • 99

C O N T E N T S

Chapter. 3
소통
(Outbound)

소통으로
세계를 넓히자

01 '소통'으로 생각하는 습관이 생긴다 • 104
02 인생에 필요한 '소통 능력'을 익힌다 • 110
03 '소통'은 멈추고 싶지 않을 정도로 즐겁다 • 115
04 지금 바로 소통을 시작하자! • 122
05 '이쪽'에서 '저쪽'으로 • 130
06 즐거움의 씨앗을 뿌리면 언젠가 꽃이 핀다 • 132
07 시간이 없다는 말은 시간에 휩쓸린다는 증거 • 135
08 쑥쑥 크는 시기가 있다 • 138

Chapter. 4 실천(Practice) — 내일부터 '아침 독서'를 시작하자

01 저자가 추천하는 '반드시 읽어야 할 10권의 책' • 144
02 행동하는 '0.3%'의 사람이 되라 • 166

권말 부록_ '만남'의 장 • 169

책을 마치면서 • 173

옮긴이의 말 • 176

나만의 '아침 독서' 리스트 • 179

Chapter.1

아침
Morning

시간에 휩쓸리지 말고
스스로의 힘으로 헤엄치자

- 개인 시간 : 내 의지대로 자유롭게 보낼 수 있는 시간
- 타인 시간 : 타인에게 지배당하는 시간

사회인에게는 수많은 '타인 시간'이 있지만, 그중에서도 가장 효율적으로 '개인 시간'으로 바꿀 수 있는 시간대가 있다. 나는 그 시간이 '아침'이라고 믿는다.

Chapter.1 01 일찍 일어나면 24시간이 온전한 '내 것'이 된다

 '파티 장소'에 일찌감치 도착하는 이미지를 상상하며
일찍 일어난다

 소규모 파티나 모임에 참석하는 경우를 상상해 보자. 아슬아슬하게 모임 장소에 도착하면 먼저 온 사람들끼리 이미 어느 정도 분위기가 무르익어 있다 보니 쉽사리 대화에 끼어들 수가 없다. 그저 다른 사람들끼리 하는 이야기를 따라가는 데 급급해 제대로 대화를 즐길 여유가 없기 때문이다. 모임이 어느 정도 진행된 후에도 '늦게 왔다'는 느낌을 좀처럼 떨쳐내지 못해 이야기에 집중하는 데 애를 먹게 된다.
 하지만 조금만 시간에 여유를 가지고 일찍 도착하면 아직 사람들로 북적이기 전에 대화에 참가할 여유가 있다. 몇몇 사람과 편안하게 인사를 하고 대화를 즐기다 보면 하나 둘씩 사람들이 늘어나고, 도착하는 사람들에게 차례대로 인사를 건네며 여유롭게 분위기를 즐기게 되는 것이다. 집에서 나서는 시간을 약간 앞당기기만 해도 전체적으로 여유가 생겨, 그 장소의 분위기를 온전히 '내 것'으로 만들 수 있다.

일찍 일어나기도 이와 비슷한 효과를 발휘한다. 일찍 일어나면 하루라는 시간에 남보다 먼저 참가해, 그날 하루를 온전한 '내 것'으로 만들 수 있다. 요컨대 일찍 일어남으로써 하루의 흐름을 스스로 지배하는 것이다.

바람이 잠잠할 때 속도를 낸다

정해져 있는 출근 시간보다 두세 시간 일찍 출근한 경험이 있는 사람이라면 맛보았던 감각일 것이다.

아침의 사무실은 그야말로 무풍지대. 전화도 울리지 않고 상사에게 불려 갈 일도 없다. 물론 회의도, 미팅도, 동료와의 잡담도 없다. 아침 시간에는 누구에게도 방해받지 않고 내 일을 차근차근 해나갈 수 있다.

게다가 아침에 일찍 일어나면 우리 뇌가 아직 지치기 전이라, 이런저런 일들을 맑은 머리로 생각할 수 있다. 덕분에 갖가지 일들을 남보다 먼저 처리하게 된다.

받은편지함의 메일을 모조리 읽고, 일등으로 답장을 보낸다.

다양한 자료를 읽고 발 빠르게 최신 정보를 얻는다.

오늘 중으로 상사에게 보고를 마쳐야 할 일을 아침나절에 깔끔하게 정리해 둔다.

이처럼 압도적으로 유리한 상태로 업무를 추진할 수 있다.

반대로 아슬아슬한 시간에 출근하면 이미 먼저 출근한 사람들이 사무실 분위기를 형성하고 있다. 쉽게 말해 남들이 만들어놓은 사무실 분위기에 뒤늦게 편승하는 셈이다. '무풍지대'는커녕 출근하자마자 태풍의 눈에 들어서는 것과 다름없다.

상사 : 자네, 그 메일 건은 어떻게 된 건가?
동료 : 오늘 오후 3시부터 회의야. 늦지 않게 오라고.
부하 : 조금 전에 김 부장님한테서 전화가 왔었는데요…….

이런 식으로 처리해야 할 일이 줄줄이 들이닥치다 보니, 당장 눈앞의 일을 처리하는 데 급급해 일단 몽땅 뒤로 미루고 본다.

- 아침에 일찍 일어난다.
- 볼일이 있는 곳에는 먼저 도착해 그 장소의 분위기에 적응하도록 한다.

이 원칙만 지켜도 하루를 온전한 내 것으로 만들 수 있다는 사실을 명심하자.

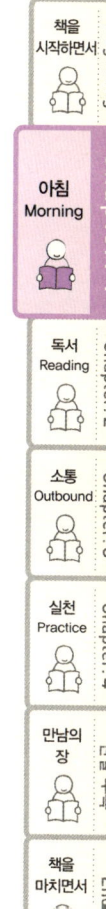

오늘 '하루'를 온전한 '내 것'으로 만든다

Chapter.1 02 하루 24시간을 '개인 시간'과 '타인 시간'으로 나눈다

 자유롭게 쓸 수 있는 시간을 늘린다

'시간'에 대해 조금만 더 깊이 생각해 보자.

나는 시간에는 '개인 시간'과 '타인 시간'이라는 두 종류가 있다고 생각한다. '개인 시간'이란 내 의지대로 자유롭게 보낼 수 있는 시간인 반면 '타인 시간'은 글자 그대로 타인에게 지배당하는 시간이다. 즉, 타인 시간은 자유롭게 쓸 수 없으며 나답게 살 수 없는 시간이다.

학창 시절에는 누구나 '개인 시간'을 넉넉하게 가지고 있었다. 실컷 놀며 클럽 활동이나 취미 생활에 마음껏 몰두하고, 꿈을 향해 열정을 불태우기도 하고 그러다 공부도 하고……. 기분 내키는 대로 자유롭게 쓸 수 있는 시간이 제법 많았다. 하지만 어른이 된 후로는 어떤가? 내 의지대로 자유롭게 쓸 수 있는 시간이 부쩍 줄어들었다는 생각이 들지 않는가?

사회인이 되면 '급여'라는 이름의 일용할 양식을 얻기 위해 매일 회사에 나가 일해야 한다. 아침에 일어나기 싫다고 해서 학창 시절에 수업을 빼먹고 땡땡이를 치듯 회사를 쉴 수는 없는 노릇이다. 감기에 걸려 열이 펄펄 끓어도, 중요한 일이 있다면 무리를 해서라도 회사에 나가야 한다. 학창 시절처럼 마냥 자유롭게 시간을 쓰다가는 상사에게 된통 혼이 나거나, 최악의 경우에는 회사에서 해고를 당하는 불상사가 일어날 수도 있다.

즉, 사회인이 되면 '개인 시간'이 극단적으로 줄어든다. 개인 시간이 줄어드는 대신 회사라는 타인에게 지배당하는 '타인 시간'은 반비례로 점점 늘어만 간다.

이를 그래프로 나타내면 대략 다음 페이지(P.26)와 같은 그래프가 만들어진다. 학창 시절에는 '개인 시간'이 많았지만 사회인이 되면 '타인 시간'이 늘어나고, 정년퇴직을 맞이하고 나면 다시 '개인 시간'이 늘어난다. 그렇다면 우리는 퇴직하는 그날까지 참고 또 참으며 '타인 시간'을 견뎌내야 하는 걸까?

단 한 번뿐인 인생, 인생의 황금기를 타인에게 지배당하며 산다고 생각하면 도무지 살맛이 나지 않는다. 그래서 나는 여러분에게 '개인 시간'을 늘리는 방법을 제안하고자 한다.

'시간을 주체적으로 활용하겠다'는 마음가짐만 있으면 어지간한 '타인 시간'은 모두 '개인 시간'으로 바꿀 수 있다.

사회인에게는 수많은 '타인 시간'이 있지만, 그중에서도 가장 효율적으로 '개인 시간'으로 바꿀 수 있는 시간대가 있다. 나는 그 시간이 '아침'이라고 믿는다.

'개인 시간'을 늘리자!

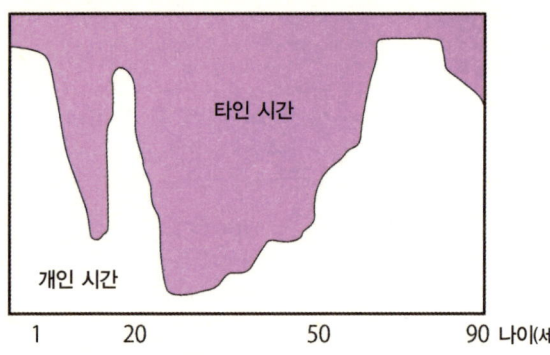

사회인이 되면 '개인 시간'이 줄고
'타인 시간'이 늘어난다

적극적으로 '개인 시간'을 늘리는 '장치'가 필요하다

그중 하나가 '일찍 일어나기' + '아침 시간 활용'!

03 일찍 일어나기의 이점 ①
온 회사가 내 편이 된다

 일찍 출근하기만 해도 칭찬을 받는다

일찍 일어나는 새가 벌레를 잡는다는 말이 있다. 그 말이 사실이라면 일찍 일어날 경우 구체적으로 어떤 이득을 얻을 수 있는 걸까? 이런 궁금증을 품는 독자를 위해 이번 장에서는 일찍 일어나기의 장점에 대해 자세히 살펴보기로 한다.

내가 첫차를 타고 출근한 지 막 2주째에 접어들 무렵이었다. 어느새 내 새벽 출근이 회사에 소문이 난 모양이었다. 덕분에 나는 일찍 출근하는 부지런한 사원이라는 이미지를 얻게 되었다.

"저 친구 매일 아침 첫차를 타고 출근한대. 게다가 출근길에 매일 책 한 권을 읽는다더군. 젊은 친구가 참 대단하지."

"6시에 출근해도 벌써 나와 있더라니까. 거참, 부지런한 친

굴세."

 사실 나는 붐비는 출근 전철에서 사람들에게 치이는 데 넌더리가 나 첫차로 출근하기 시작했다. 그리고 어쩌다 보니 첫차를 타고 느긋하게 책을 읽으며 출근하는 습관이 몸에 배었을 따름이다. 상쾌한 기분으로 하루를 시작할 수 있어서 자연스럽게 계속 첫차를 타게 되었고 그것이 절로 습관이 된 것뿐인데, 신기하게도 다들 입을 모아 내게 '대단하다'고 칭찬해 주는 것이었다.

 그저 일찍 출근하는 것만으로 기특하다고 칭찬을 받는다. 칭찬을 받으면 어깨가 절로 으쓱해진다. 이만큼 쉽게 좋은 평판을 얻는 방법도 없지 않을까?

 당당하게 '정시'에 퇴근한다

 일찍 출근하는 습관이 어느 정도 몸에 배자 신기하게도 주위에서 '일찍 출근해 남보다 먼저 일을 시작했으니 야근을 하지 않아도 좋다'는 분위기가 형성되었다.

 당시에는 '탄력근무제(flexible time)'라는 개념이 도입되기 전이었지만, 나는 대담하게도 오후 네 시쯤엔 하던 일을 정리하고 회사 문을 나섰다. 그때는 아직 딸아이가 어려 한창 손이 많이 가던 시기였는데, 일찍 퇴근해 육아를 돕고 집안일을 거든 덕분에 아내에게 톡톡히 점수를 딸 수 있었다.

오후 네 시 퇴근은 현실적으로 불가능할 수도 있지만, 일찍 출근하면 적어도 야근하지 않고 퇴근할 가능성이 높다. 남들이 출근하기 전에 한발 앞서 업무를 처리할 수 있기에 이전보다 근무 시간을 단축할 수 있을 터이다.

확실히 늦게까지 남아 야근을 하면 다음 날 지각을 해도 어느 정도 회사에서 눈감아주는 경우가 있다. 전체적인 업무량을 놓고 따져 보면 일찍 출근해서 정시에 퇴근하는 사람과, 늦게까지 일하고 다음 날 지각하는 사람이 처리하는 업무의 양은 결과적으로 차이가 나지 않을 듯하다. 하지만 그 속을 들여다보면 실제로 상당한 차이가 있다.

늦게까지 야근을 하고 다음 날 지각 출근을 했을 때 주위의 반응이 어떠했는지를 떠올려 보면 이해가 될 것이다.

"어제 늦게까지 남아서 일했으니 오늘 하루 정도 지각

하는 건 어쩔 수 없지. 봐 준다."

지각이 허용된다기보다 어디까지나 '어쩔 수 없다'는 반응이다. 하지만 일찍 출근하는 경우는 다르다.

"자네는 누가 시키지도 않았는데 기특하게 일찍 출근해서 열심히 일을 했으니 굳이 야근할 필요는 없지."

아침 일찍 출근하는 경우는 '기특하다'는 칭찬에다 덤으로 '야근할 필요 없다'는 상까지 따라온다. 반대로 야근 후 지각 출근은 전날 야근했으니 '어쩔 수 없다'고 짐짓 모르는 척 눈감아줄 뿐이다.

'할 필요가 없다'와 '어쩔 수 없다'는 하늘과 땅 차이다.

믿기 힘들 정도로 간단한 방법이지만 일찍 출근하는 것만으로 회사 사람들을 모두 내 편으로 만들 수 있다.

04 일찍 일어나기의 이점 ②
사랑하는 사람과 보낼 '소중한 시간'이 늘어난다

 밤에는 소중한 사람을 만난다

당신에게 가장 '소중한 사람'은 누구인가? 잠시 눈을 감고 그 사람의 얼굴을 떠올려 보자. 소중한 사람을 물으면 대부분 사랑하는 사람의 얼굴이 제일 먼저 떠오를 것이다.

나에게 소중한 사람은 가족, 특히 자식이다. 첫차를 타고 출근하기 시작했을 무렵 막 첫딸을 얻었다.

매일 일찍 출근하고 일찍 퇴근한 덕분에 나는 아내와 딸과 함께 한 식탁에 앉아 식사할 수 있었다. 식사를 마친 후에는 아직 갓난아기였던 딸을 목욕시키고 품에 안고 도닥도닥 잠을 재웠다. 딸 바보라는 소리를 들어도 어쩔 수 없는 노릇이지만, 딸을 씻기고 재우는 일에 재미를 붙여 딸을 돌보는 데 어지간

해서는 아내의 손을 빌리지 않았다. 오로지 아버지인 내 역할이라고 믿었기 때문이다.

딸아이가 어느 정도 자라 말귀를 알아듣게 되었을 무렵부터 베갯머리에서 옛날이야기를 들려주었다. 딸의 손을 잡고 "옛날 옛날 아주 먼 옛날에……."로 시작해 이야기를 하는 동안 딸아이의 눈꺼풀이 점점 무거워지고 까무룩 잠이 든다. 잡고 있던 손에서 스르르 힘이 빠지며 새근새근 잠이 들더니 어느덧 꿈나라로 떠나 있다. 말로 표현할 수 없을 정도로 행복한 순간이다. 물론 가끔은 딸보다 내가 먼저 잠들기도 했지만.

어쨌든 일찍 일어나면 자녀와 함께 행복한 시간을 더 많이 보낼 수 있는 것은 명백하다. 즉, 소중한 사람과 보내는 행복한 시간을 만들기 위해 나는 오늘도 내일도 일찍 일어나 하루를 시작할 힘을 얻는다!

05 일찍 일어나기의 이점 ③
갑작스럽게 불거진 문제에도 동요하지 않는다

 마음의 여유가 플러스 작용을 한다

내 입으로 말하기 쑥스럽지만 나는 회사원 시절 인사 평가에서 위기 대처 능력이 뛰어나다는 평가를 받곤 했다. 실제로 어떠한 사태에도 여유를 가지고 냉철하게 대응해 왔다고 자부한다. 어떠한 경우에도 냉정을 잃지 않고 신속하게 판단하고 대처할 수 있는 능력은 타고난 습관이라기보다, 아침에 책을 읽으며 생긴 능력 덕분이라고 믿는다.

아침 독서를 시작하고 나서 얼마 지나지 않았을 무렵, 나는 항공 회사의 기술부에서 근무하고 있었다. 이른 아침에 출근하면 일단 밤사이 들어온 팩스와 텔렉스(요즘의 이메일과 비슷하다)를 확인하는데, 종종 클레임 처리 의뢰가 들어와 있는 경우가 있다.

클레임이라는 단어만 봐도 처음에는 가슴이 철렁하다. 하지만 바로 냉정을 되찾고 처리에 들어갔다. 다른 사람들이 출근하기 전까지 여유롭게 클레임을 처리할 수 있는 시간이 넉넉했기에 마음의 여유를 가질 수 있었다.

또 막 아침 독서를 시작했을 때는 '로지컬 씽킹'에 관한 책을 중점적으로 읽어 논리적으로 해결 방법을 이끌어내는 기술을 터득하려고 노력했다. 덕분에 돌발 상황이 일어나도 반사적으로 논리적 사고 모드로 진입해 해결 방법을 모색할 수 있었다.

매일 아침 6시에 출근하다 보니 업무가 시작되는 9시까지 세 시간이나 여유가 있었다. 그래서 두툼한 업무 매뉴얼을 찬찬히 살펴보고 꼼꼼하게 분석해 대응책을 제시하는 것이 가능했다. 매뉴얼을 꼼꼼하게 분석해 확실한 근거를 갖춘 후에는 상사에게 보고할 보고서를 작성했다. 보고서를 얼추 완성하고 나면 드디어 출근 시간. 출근하는 과장님의 모습을 포착, 한달음에 달려가 보고를 시작한다.

나 : 과장님, 후쿠오카에서 클레임 보고가 들어왔습니다.
상사 : 뭐야, 무슨 일인가?

나 : 다행히 큰일은 아닌 모양입니다. 기업 자료와 매뉴얼을 바탕으로 현 시점에서 가능한 대책을 보고서로 정리해 두었습니다. 확인 부탁드립니다.

상관에게 보고를 마치자마자 바로 보고서에 자료를 첨부해 내민다. 드라마에서나 볼 법한 잘나가는 비즈니스맨처럼 느껴지지 않는가?

반대로 출근 시간에 아슬아슬하게 맞춰 회사에 나올 경우 어떻게 될까?

아침부터 상사에게 한바탕 혼이 나고 헐레벌떡 급한 불부터 끄고 뒷일을 수습하느라 우왕좌왕 정신이 없다. 허둥지둥 일을 처리하다 보니 실수를 저지를 확률이 높고, 실수를 저지르면 오히려 문제가 확대될 우려마저 있다.

물론 경우에 따라 상사가 올 때까지 클레임을 처리하지 못할 수도 있다. 그러나 일찍 출근하면 문제 해결에 걸리는 시간만은 확실하게 단축할 수 있다고 장담한다.

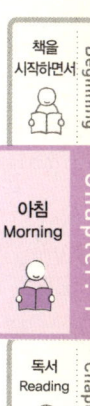

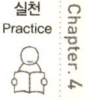
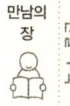
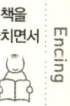

아침 독서가 기회를 만든다

아침 독서는 골치 아픈 문제를 최소한으로 줄여줄 뿐 아니라, 덤으로 기회를 끌어오기도 한다.

나는 아침 일찍 출근해 남보다 먼저 클레임을 처리한 덕분에 상사에게 좋은 평가를 받고 인사고과에서도 높은 점수를 받았다. 클레임 처리로 확실하게 점수를 따자 당시 내 위치로는 과분할 정도의 대형 프로젝트의 팀원으로 발탁되기도 했다.

몇 년 후 그 프로젝트의 리더를 맡게 되며 나는 '회사에 반드시 필요한 인재'로 확실하게 인정받을 수 있었다. '아침 독서가 인생을 바꾼다!'는 말을 누구보다 먼저 스스로의 경험으로 증명했던 것이다.

Chapter.1 06
일찍 일어나기의 이점 ④
작은 기쁨을 느끼는 만남이 늘어난다

 아침에 형성되는 연대감

일찍 일어나 첫차를 타고 출근하기 시작하며 생활에 일어난 작은 변화가 있다. 바로 매일 아침마다 마주치는 반가운 얼굴들이다.

제일 처음 만나는 반가운 얼굴은 신문배달을 하는 아주머니. 내가 출근하는 시간에 아주머니도 신문더미를 한아름 끌어안고 배달 길에 나선다. 나는 매일 아침 아주머니와 스쳐 지나갈 때마다 웃는 얼굴로 활기차게 아침 인사를 건넸다.

만약 혼잡한 출근 시간이었다면 모르는 사람에게 인사를 건넬 여유는 없었으리라 그러나 이른 아침이라면 서로 사연스럽게 인사를 나누는 게 가능하다.

고작 "안녕하세요"라고 인사 한마디 건네는 정도지만 대단

한 일을 한 것마냥 뿌듯한 기분이 든다. 아침 인사를 하고 나면 무심코 얼굴에 미소가 번진다. 모르는 사람이 보면 아침부터 이유 없이 히죽거리는 이상한 사람으로 보일 수도 있겠지만 말이다.

어쨌든 나는 아침마다 작은 기쁨을 맛보기 위해 인사를 건네는 범위를 넓히기 시작했다. 역무원에게도, 매점 아주머니에게도, 나는 넉살 좋게 만나는 사람들에게 "안녕하세요"라고 인사를 건넸다.

회사에 도착한 후에도 반가운 얼굴들과의 만남은 계속 이어진다. 먼저 경비 아저씨. 출근 시간에 맞춰 아슬아슬하게 회사에 도착하면 경비 아저씨와 인사를 나눌 여유가 있을 턱이 없다. 하지만 내가 출근하는 시간대는 아직 한산한 때인지라 어느새 자연스럽게 인사를 나누는 사이가 되었다.

별 뜻 없이 시작한 아침 인사였지만 인사를 하는 횟수가 늘어나고 인사를 나누는 사람의 수가 늘어날수록 내 안에서 작은 변화가 일어나기 시작했다. 지금까지 '경비 아저씨'라고 부르던 사람을 나는 경비 아저씨 대신 '매일 아침 인사를 나누는 야마다 씨'라는 이름으로 인식하게 되었다. 회사의 사원과 경비라는 입장을 넘어 사람 대 사람으로 야마다 씨라는 개인을 바라보게 된 것이다. 야마다 씨도 나를 '일개 사원'에서 '마쓰야마 씨'라는 개인으로 인식하게 되었다.

경비 아저씨와 안면을 트고 인사를 나누는 사이가 되었다고 해서 회사 생활에 극적인 변화가 생길 리는 만무하다. 그래도 매일 아침 맛보는 행복만큼은 착실하게 늘어났다.

실제로 매일 아침 인사를 나누던 신문배달 아주머니에게 뜻밖의 선물을 받은 적도 있다. 평소처럼 첫차를 타려고 일찌감치 집을 나서서 항상 아침 인사를 나누던 신문배달 아주머니를 스쳐 지나갈 때 인사를 건넸다. 그런데 평소에는 나보다 백 미터가량 앞서서 신문을 돌리던 아주머니가 갑자기 발걸음을 돌려 내 쪽으로 가던 길을 되짚어 오셨다. 영문을 몰라 어리둥절해하는 내 손에 아주머니는 잽싸게 신문 한 부를 쥐여주시더니 한쪽 눈을 찡긋하고 바람처럼 사라지시는 게 아닌가. 알고 보니 아주머니는 우리 집에서 일반 신문을 받아본다는 사실을 기억해 두었다가 배달하고 남은 경제 신문을 작은 선물로 건네주신 것이었다. 아주머니에게 건네받은 신문에서 아주머니의 따스한 마음이 전해졌다.

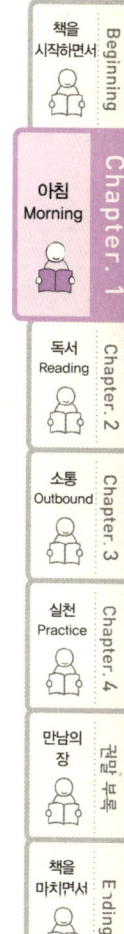

사내 커뮤니케이션이 강화된다

 회사 안에서도 작은 기쁨을 맛볼 수 있는 만남은 꾸준히 늘어갔다.

 나처럼 일찍 출근하는 사람은 다른 부서에도 몇몇 있었다. 타 부서에서 일하다 보니 이름도 모르고 지냈지만 항상 비슷한 시간대에 출근하면서 저절로 서로의 존재를 의식하게 되었다. 그리고 어느 날부터 누가 먼저랄 것도 없이 자연스럽게 대화를 나누는 사이로 발전했다.

 "항상 일찍 나오시네요. 댁은 어디세요?"

 일단 인사로 말문이 트이자 같은 '아침형 인간 동지'끼리 친해지는 데는 그다지 오랜 시간이 걸리지 않았다.

 나는 아침형 인간이 되면서 평소에는 결코 만날 일이 없는 타 부서 사람들과 친분을 쌓으며 사내 인맥을 형성할 수 있었다. 업무상 접점이 없는 타 부서 사람들과의 교류는 얼핏 별 득이 될 게 없어 보이지만 실제로는 업무에 적잖은 도움이 되었다. 내 지식만으로는 버거운 일이 생길 경우 다른 부서 사람에게 가볍게 의논할 수 있었던 덕분이다. 언제든 편하게 조언을 구할 수 있는 동료는 회사 생활을 지탱하는 든든한 버팀목이 되어준다.

  아침에 건네는 "안녕하세요"라는 마법의 주문. 그 말 한마디가 각자의 입장을 초월할 수 있게 해준다. 아침 인사는 사람들을 순식간에 무장해제시켜 서로의 입장이나 지위를 초월한 개인적 관계를 형성하게 한다.

일찍 일어나기에는 4가지 장점이 있다

장점 ① 회사 사람들이 온통 내 편이 되어준다

장점 ② 소중한 사람과 보낼 '소중한 시간'이 늘어난다

장점 ③ 클레임에도 냉정을 유지하며 대처할 수 있다

장점 ④ 작은 기쁨을 주는 만남이 늘어난다

07 3가지 '습관'을 버리면 자연스럽게 일찍 일어나게 된다

 아침에 무리하지 않고 일찍 일어나기 위해 필요한 것

'타인 시간'을 '개인 시간'으로 바꾸겠다는 마음가짐만으로도 이미 반은 성공한 것과 다름없다. 마음가짐을 바꾸기만 해도 자연스럽게 시간에 휩쓸리지 않고 시간의 흐름 속을 자유롭게 헤엄칠 수 있게 된다.

마음가짐을 바꾸고 일찍 일어나기만 해도 절반의 성공이라고 거듭 강조하지만, 현실에서는 몸에 밴 습관을 좀처럼 바꾸지 못하는 사람이 대다수다.

일찍 일어나지 못한다 → 늦잠을 잤다는 죄책감과 부담을 안고 하루를 시작한다 → 온종일 시간에 쫓기다 보니 일에서도 사생활에서도 이렇다 할 성취감을 느끼지 못한다 아침에 늦게 일어나면 늦게 일어난 만큼의 시간을 벌충하기 위해 하루 종일 종종거릴 수밖에 없다. 자연히 무슨 일을 하건 시간에 쫓긴다는 느낌을 떨쳐버리지 못한다.

그런데 일찍 일어나지 못하는 사람들에게는 대부분 공통점이 있다. 과연 무엇일까? 독자 여러분도 잠시 책장을 덮고 답을 생각해 보자. 정답은 간단하다. 바로 늦게 자는 습관! 늦게 일어나는 사람에게는 밤늦게까지 말똥말똥 눈을 뜨고 깨어 있다는 공통점이 있다.

밤에는 유독 재미있는 텔레비전 프로그램이 많다. 또 요즘에는 친구들과 이메일이나 문자 메시지, SNS 등으로 수다를 떠느라 이부자리에 든 후에도 휴대전화를 손에 들고 이런저런 대화를 주고받는 경우도 허다하다. 결과적으로 늦게까지 깨어 있으니 아침에 쉽사리 눈이 떠지지 않고, 결국 늦게 자고 늦게 일어나는 악순환의 고리에 빠지게 마련이다.

내 경우 '늦잠을 자면 지옥철을 타야 한다. 숨이 턱턱 막히는 지하철에 타는 것만은 사양하고 싶다!'며 스스로 마음을 다스리고 동기를 부여해 일찍 잠자리에 들었다. 덕분에 늦잠을 면할 수 있었다. 나는 일찍 잠자리에 들겠다고 마음먹으며 특히 3가지 습관을 버리기 위해 노력했다.

습관 1 : 텔레비전이나 컴퓨터를 '습관적으로' 켜지 않는다
습관 2 : 술자리에 '습관적으로' 참가하지 않는다
습관 3 : 평소 어울려 다니던 사람들과 '습관적으로' 어울리지 않는다

이제 위의 3가지 습관을 왜 버려야 하는지에 대해 차근차근 살펴보자.

습관 1 : 텔레비전이나 컴퓨터를 '습관적으로' 켜지 않는다

바깥에서 하루 종일 일에 시달리고 집에 들어오면 일단 텔레비전부터 켜고 보는 사람이 의외로 많다. 리모컨으로 무심코 손을 뻗는 순간, 바로 덫에 걸린다는 사실을 명심해야 한다. 오늘부터는 리모컨으로 손을 뻗기 전에 딱 1초만 '텔레비전은 타인 시간이다' 라는 주문을 머릿속으로 외워 보자.

텔레비전은 가장 대표적인 '타인 시간' 이다. 예를 들어 하루에 두 시간, 퇴근 후 텔레비전을 본다고 가정해 보자.

$$2시간 \times 365일 = 730시간 = 30.14일$$

1년으로 치면 어림잡아 한 달에 해당하는 시간이다.

이 타인 시간을 개인 시간으로 바꾸는 방법은 의외로 간단하다. 밖에서 돌아오면 무심코 리모컨으로 손을 뻗어 텔레비전을 켜는 습관을 버리기만 하면 그만이다. 텔레비전은 꼭 보고 싶은 프로그램이 있을 때만 켠다! 미리 녹화를 해두거나 IPTV 등을 이용해 보고 싶은 프로그램을 정해진 시간에 시청하는 방법을 활용하면 멍하니 텔레비전을 보는 시간을 눈에 띄게 줄일 수 있다.

습관 2 : 술자리에 '습관적으로' 참가하지 않는다

퇴근 후 이어지는 술자리도 요주의 대상이다. 물론 거래처 접대나 신입사원 환영회처럼 앞으로의 인간관계를 원활하게 하기 위해 의무적으로 참석해야 하는 술자리도 있다. 하지만 특별한 목적 없이 타성에 젖어 참가하는 술자리는 역시 '타인 시간'에 지나지 않는다.

술자리 역시 텔레비전과 마찬가지다. 분위기에 취해 한 잔, 두 잔 술잔을 기울이다 보면 어느새 막차 시간이 다가온다. 게다가 술자리에서 나누는 대화라고 해봐야 고작 회사나 상사에 대한 불평, 다른 사람들에 대한 소문이나 험담이다. 한

마디로 생산성이 없는 대화다.

자, 이제 술자리가 개인 시간을 좀먹는 타인 시간임을 깨달았다면 오늘부터 의미 없는 술자리는 딱 잘라 거절하겠다고 스스로와 약속하자.

습관 3 : 평소 어울려 다니던 사람들과 '습관적으로' 어울리지 않는다

업무 중에 나누는 잡담도 생산성이 떨어지기로는 술자리와 막상막하다. 업무 중 잡담은 업무의 속도를 늦추고 결과적으로 야근이나 주말 출근을 하게 만드는 원흉이다.

동료들과의 친목을 도모하는 잡담이 업무에 지장돼 봤자 얼마나 되겠느냐고 항변하는 사람도 있으리라. 휴식 시간에 나누는 동료와의 대화는 회사 생활의 활력소라며, 그 대화마저 거부하는 인간미 없는 사람이 되고 싶지 않다는 사람도 있을 것이다. 그러나 딱히 흥미도 없는 이야기에 분위기를 맞추느라 끼어들어 몇 마디 거들어 봤자 업무에 집중할 시간만 줄어들 뿐이다. 애당초 이야기에 끼어들지 않는 게 현명하다.

분위기상 잡담을 피하기 힘들다면 잡담이 시작될 기미

가 보일 때 자리를 피하는 것도 하나의 방법이다. 회사 근처의 카페나 빈 회의실로 잠시 피신해 업무에 집중하는 것도 효과적인 잡담 회피 수단이 될 수 있다.

3가지 '무의식적 습관'을 버리자

1 텔레비전이나 컴퓨터를 '무심코' 켜지 않는다

2 술자리에 '무심코' 참가하지 않는다

3 평소 어울려 다니던 사람들과 '습관적으로' 어울리지 않는다

08 '누군가를 위해' 일찍 일어난다

 자신만을 위해서는 좌절하기 쉽다

 인간은 내 한 몸만을 위해서는 젖 먹던 힘까지 짜낼 정도의 노력을 기울이기 힘든 생물이다. 이러쿵저러쿵 일찍 일어나야 하는 이유를 늘어놓는 나도, 알람이 울리고 이불에서 빠져나오는 순간은 몸도 마음도 천근만근이다. 특히 겨울이 되면 내가 일어나는 새벽 5시 즈음은 아직 창밖이 깜깜한 시간이다. 이불 밖으로 나오는 순간 몸을 파고드는 한기에 저절로 몸이 움츠러들며 도로 따뜻한 이불 속으로 기어 들어가 눈을 붙이고 싶은 마음이 굴뚝같다.

 자신만을 위해서 일찍 일어나는 사람은 마음이 흔들리는 순간, 달콤한 잠의 유혹에 굴복하는 경우가 많다. 어지간히 의지가 강한 사람이 아닌 한 이불 속에서 나오지 않기 위해 이런

저런 핑계를 찾는다. 급하게 서둘 필요가 없으니 좀 더 자도 된다거나, 날씨나 컨디션 등의 변명거리를 찾아 자기 합리화를 하고 늦잠을 자기 일쑤다.

반면 '누군가를 위해' 일찍 일어나는 사람은 강하다!

학창 시절 어머니는 하루도 거르지 않고 일찍 일어나 새벽밥을 지어 정성껏 도시락을 싸 주셨다. 자식을 위해 새벽 도시락을 싸는 어머니의 마음이야말로 가장 이해하기 쉬운 '누군가를 위하는 마음'이다.

학교 급식으로 인해 꼭두새벽에 일어나 자녀의 도시락을 싸줄 필요가 없어지자마자 '늦잠꾸러기 엄마', '아침에 약한 엄마'로 변신하는 예외도 종종 있기는 하지만 말이다.

장난꾸러기 아이 같은 마음으로 동기를 부여한다

그렇다고 자못 비장한 각오를 다질 필요는 없다. 누구에게나 '자식을 생각하는 어머니'처럼 강한 동기부여가 필요하다고 주장할 생각도 없다. '누군가를 위해'에서 비

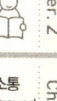

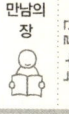
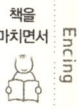

장함을 덜어내고 장난을 꾸미는 개구쟁이 아이 같은 마음만으로도 충분하다.

'신문 배달 아저씨를 기다렸다가 불쑥 인사를 건네면 깜짝 놀라겠지?'

'회사에 일등으로 출근해서 부장님께 칭찬을 받아야지.'

'동료의 책상 위에 초콜릿을 올려 두고 출근해서 어떤 반응을 보이는지 몰래 관찰하면 어떨까?'

아무리 사소한 동기라도 상관없다. 내 행동이 누군가에게 영향을 주고, 누군가에게 보탬이 되고, 누군가를 기쁘게 할 수 있다면, 그 마음이 아침 일찍 일어나는 생활에 활력소가 되어줄 것이다.

'누군가를 위하는 마음'이 결과적으로 나를 일찍 일어나게 만든다. 이타심은 아침형 인간으로 변신하는 멋진 마법의 주문인 셈이다!

 장난꾸러기 아이 같은 마음도 '누군가를 위한 마음'

누군가를 위해 무언가를 해야 한다는 말에서 느껴지는 거창

함에 부담을 느끼는 사람도 있으리라. 나는 아침형 인간이 되고자 하는 사람에게 자기희생적 '이타주의'와는 완전히 다른 마음가짐을 요구한다.

누군가에게 대가를 바라지 않고 봉사하는 마음은 고귀하다. 그러나 우리가 신이 아닌 이상, 자기희생이 동기부여로 작용할 사람은 많지 않다.

내가 생각하는 '누군가를 위해서'는 결과적으로 '나를 위한 일'이 된다. 말하자면 '이타적 이기주의'인 셈이다. 결과적으로 나를 위한 일이라고 깨닫고 나서 일찍 일어나는 김에 다른 사람을 위해 겸사겸사 무언가를 해준다는 식으로 생각하면 그만이다. 요컨대 나도 남도 모두 행복해지는 일을 생각하라는 뜻이다. 그것이 내가 말하는 '누군가를 위한 일'이다.

그래서 나는 장난을 꾸미던 개구쟁이 어린 시절의 마음을 떠올리며 '누군가를 위한' 일을 꾸미곤 한다. 예를 들어 예전 회사에 다닐 때는 강아지 인형으로 사람들을 놀라게 하곤 했다. 아침 일찍 회사에 출근해 내 옆자리에 강아지 인형을 앉혀 둔다. 멀리서 얼핏 보면 진짜 강아지처럼 보이는 인형이다. 그리고 인형에게 목줄을 채워서 내 책상 옆에 앉혀 두었다.

　점점 출근 시간이 다가오고 하나둘 사무실에 사람들이 늘어났다. 나는 시치미를 뚝 뗀 얼굴로 목줄을 맨 강아지 옆에서 열심히 업무에 집중하고 있었다. 사무실로 들어오는 사람마다 강아지 인형을 보고 흠칫 놀랐다. 진짜 강아지인 줄 알고 깜짝 놀라는 얼굴을 보면 짜릿함에 소름이 다 돋을 지경이었다. 출근하는 사람마다 내 자리로 다가온다. 그리고 하나같이 "뭐야, 인형이었어?"라며 안도의 한숨을 몰아쉬더니, 또 장난에 속아 넘어갔다며 한바탕 웃음을 터트렸다.

　나는 사소한 장난으로 사람들의 마음을 훈훈하게 풀어주고 싶었다. 비록 장난이긴 했지만 '누군가를 위한 일' 이이었다고 여전히 믿는다.

　강아지 인형을 이용한 장난으로 재미를 본 나는 배짱 좋게 강아지 인형을 이사님 책상 옆에 앉혀 두는 대담한 장난을 꾸민 적도 있다. 그냥 앉혀 두기만 하면 재미가 덜하니 강아지 입에 편지를 물려 두었다. 당연히 이사실에서는 한바탕 소동이 벌어졌다.

　부랴부랴 인형이라는 사실을 깨닫고 입에 물려 둔 편지를 펼쳐 보니 '오늘 점심 함께 어떠십니까?' 라는 내 메시지가 나타난다. 대범한 장난에 깜짝 놀란 이사님은 불호령을 내리시기는커녕 호탕한 웃음을 터트리시더니 흔쾌히 내 점심 초대에 응해 주셨다.

악의 없는 장난은 사람들을 미소 짓게 만든다. 장난꾸러기 꼬마 요정처럼 '누군가를 위한 일'을 생각하는 것도 하나의 즐거움이 될 수 있는 법이다. 나는 수시로 사람들을 놀라게 할 장난을 생각한다. 그러다 깜짝 놀라는 사람들의 얼굴이 떠올라 그 짜릿함에 나도 모르게 환호성을 지르고 싶어질 때도 있다.

여러분도 오늘 누군가를 미소 짓게 하는 깜찍한 장난을 꾸며 보는 건 어떨까?

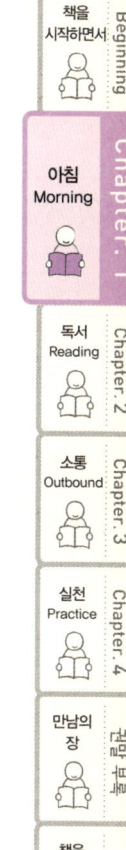

'누군가를 위해' 일찍 일어나면 자연스럽게 일찍 일어나는 습관이 몸에 밴다

'나만을 위한' 일찍 일어나기는 좌절하기 쉽다

'누군가를 위해' 일찍 일어나면 가슴이 설레 자연스럽게 일찍 일어나기가 몸에 밴다

Chapter.2

독서
Reading

'저자와의 대화', '나와의 대화'를 즐기자

경험과 지식을 쌓는 데는 만만치 않은 세월이 필요하다. 경험과 지식을 쌓는 데 걸리는 몇 년, 몇 십 년의 시간을 획기적으로 단축시키는 방법이 있다. 바로 '독서'다!

01 아침에 책을 읽으면 어떤 점이 좋은가?

 '아침 공부'를 하기 전에 '아침 독서'를

늦게까지 놀고 싶은 유혹을 뿌리치고 힘들게 일찍 일어나 얻은 귀하디귀한 '개인 시간'을 어떻게 하면 효과적으로 활용할 수 있을까? 이 책의 제목을 떠올리면 답은 간단하다. 물론 '독서'다!

'아침 독서'라는 말에 매력을 느끼면서도 내심 고개를 갸웃거리는 독자가 많으리라. 아침에 일찍 일어나면 늦잠을 자는 것보다 좋기야 하겠지만, 구체적으로 어떤 점이 좋단 말인가? 또 아침에 토익이든 자격증 시험 준비든 커리어에 도움이 되는 공부를 하는 게 책을 읽는 것보다 낫지 않을까?

물론 아침 공부도 좋다. 토익이나 자격증 시험공부도 조용한 아침 시간에 하면 훨씬 집중이 잘된다. 토익 공부든 자격증 시험공부든 학교를 졸업한 후에도 공부에 집중하며 노력하는 모습은 칭찬받아 마땅하다. 그러나 나는 아침 공부를 시작하기 전에 30분만이라도 좋으니 귀중한 아침 시간을 독서에 쓰라고 조언한다.

왜 그렇게 아침 독서에 집착하는지 묻는다면 내가 직접 경험하고 효과를 실감했기 때문이라고 자신 있게 설명한다. 나 자신의 경험과 실천으로, 아침 독서가 아직 졸음이 가시지 않은 우리의 뇌를 부드럽고 또 확실하게 풀어주는 탁월한 효과를 발휘한다는 사실을 깨달았기 때문이다.

아침 독서로 사고가 유연해진다

모처럼 일찍 일어나 책을 읽기로 결심했는데 무슨 책을 읽어야 좋을지 도통 감이 잡히지 않아 머리를 긁적이는 여러분의 모습이 눈에 선하다. 평소에 책 읽는 습관이 없는 사람이라면 책을 고르는 데 한층 더 애를 먹는다. 결론부터 말하자면 아침 시간에 읽는 책은 무엇이든 상관없다. 소설이든 자기계발서든 잡지든 읽고 싶은 책을 읽으면 그걸로 충분하다. 책을 읽으며 우리는 머릿속으로 자신의 경험을 반추하고 아이디어를 얻는 등 사고를 확장시켜 간다. 책을 읽다 보면 생각이 꼬리에 꼬리를 물고 이어진다.

'독서'는 저자와의 대화인 동시에 자신과의 대화이기도 하다. 그래서 책을 읽으면 사고가 확장된다. 우리는 책을 읽으며 과거의 추억을 돌아보거나 혼자 웃음보를 터트리기도 한다. 책을 읽다 보면 현재 회사에서 진행 중인 프로젝트와 관련된 아이디어가 문득 떠오를 때도 있다. 말하자면 아침 독서는 하루의 컨디션을 최고로 끌어올리기 위한 일종의 몸 풀기 체조라고 할 수 있다.

아침 독서로 사고가 유연해지면, 스스로의 머리로 생각하고 판단하는 습관이 생긴다. '아침을 지배하는 사람이 인생을 지배한다'는 말처럼 '아침 독서'를 통해 유연한 사고력을 기르고 개인 시간을 늘릴 수 있다고 나는 믿는다.

한편 영어 공부는 어떨까? 단어장을 아무리 들여다본들 저자나 자신과 대화를 나눌 수는 없다. 당연히 사고가 확장되지 않는다. 자격증 시험공부도 매한가지다. 나는 아침 시간에 영어 공부나 자격증 시험공부를 하는 사람을 굳이 말릴 생각은 없다. 다만 공부를 하기 전에 단 10분만이라도 시간을 내어 책을 읽으라고 간곡히 부탁할 따름이다. 독서로 준비운동을 한 다음 공부를 시작하면 집중력도 향상되니 일석이조가 아닌가.

시험이 코앞에 닥친 사람이라면 잠시 아침 공부에 집중했다가 시험이 끝난 후 아침 독서로 돌아오는 등 자신의 스케줄에 맞춰 자유롭게 아침 독서를 즐기는 것도 하나의 대안이 될 수 있다.

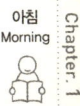

아침 독서로 사고를 부드럽게 깨운다

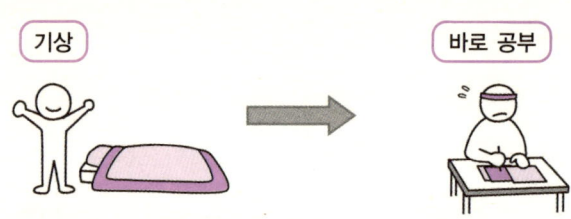

공부에는 집중할 수 있어도
단순히 '자격증 취득을 위한 공부'로 끝날 우려가 있다

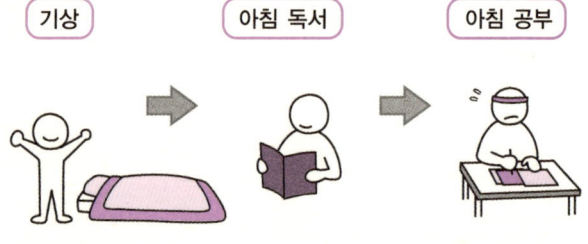

'아침 독서'로 사고력을 가동하면
'아침 공부'의 성과를 다른 상황에서도 활용할 수 있다

02 책은 생각을 넓히기 위한 도구

 같은 책이라도 읽는 사람에 따라 '받아들이는 메시지'가 달라진다

'책'이란 읽을수록 불가사의한 매체라는 생각이 든다. 아침 독서 이야기를 하다가 갑자기 무슨 뜬금없는 소리냐고? 뜬금없는 소리를 하는 김에 한 가지 더, 여러분에게 묻고 싶다.

여러분은 무엇을 위해 '독서'를 하는가?
단순히 '책이 좋아서' 읽는가?
아니면 '지식이나 정보를 얻기 위해'?
그도 아니면 '심심풀이'로?
혹은 '선배나 직장 상사가 책을 읽어야 한다고 충고'해서?

책을 읽는 이유는 사람마다 제각기 달라서 그 이유에 딱히 정해진 정답은 존재하지 않는다.

'책'이라는 매체는 인쇄물이라는 형태로 고정되어 있지만 책을 읽는 사람의 배경이 달라지면 받아들이는 방식도 달라진다. 받아들이는 사람에 따라 내용이 달라지는 매체, 그것이 책이 가진 오묘한 매력이다.

나도 처음에는 순전히 시간을 때우기 위해 책을 읽기 시작했다. 먼 거리를 오가며 출퇴근을 하다 보니 심심풀이 삼아 자연스럽게 전철 안에서 책을 읽게 되었다. 책만 읽으면 긴 시간을 따분하지 않게 보낼 수 있었고, 무엇보다 책을 읽는 행위 자체에 보람을 느꼈다. 출퇴근길의 가방 안에 책이 들어 있으면 먹지 않아도 배가 부르듯 책을 보기만 해도 항상 마음이 든든했다. 처음에는 심심풀이로 시작했지만 책을 읽다 보니 차츰 생각이 달라지기 시작했다. 지금까지 몰랐던 지식을 얻고, 책을 통해 멋진 사람들을 만나며, 스스로의 세계가 커지고 넓어지게 되었다. 소일 삼아 시작했던 독서가 어느새 '지식과 정보를 얻기 위한 독서'로 거듭난 셈이다.

책을 읽으면 뇌 속에서 '화학반응'이 일어난다

내가 '독서'를 하는 목적은 한 가지 더 있다. 나는 '사고하기 위해', 즉 '생각하기 위해' 책을 읽는다.

책을 읽기 시작하면 뇌 속에서 다음 페이지(p.67)의 그림처럼 일종의 '화학반응'이 일어난다는 게 독서를 통해 내가 세운 가설이다. 여러분의 이해를 돕기 위해 조금 더 쉬운 예를 들자면, 여러분은 지금 《아침 30분 독서》라는 책을 읽고 있다. 지금 여러분의 머릿속에서는 어떠한 '화학반응'이 일어나고 있을까?

'음, 아침 독서란 말이지……. 확실히 취직한 후에는 회사와 집을 시계추처럼 오가며 살긴 했지. 앞으로도 평생 회사와 집만 오가며 살아야 하는 걸까? 아, 갑갑해. 어느새 서른이고, 이제 와 새로운 일을 시작할 수도 없는 노릇이고…….
어라, 이 책의 저자는 원래 평범한 회사원이었구나. 출퇴근 시간을 이용해 책을 읽었더니 인생이 술술 풀렸단 말이지? 좀 수상쩍긴 하지만, 일단 저자의 말을 믿자면 이게 다 아침 독서 덕분인 거잖아. 아침에 책을 읽기만 해도 인생이 술술 풀린다니, 어디 속는 셈치고 나도 책장에 모셔 두었던 책을 꺼내 출근길에 다시 읽어볼까?

이 책을 읽고 있는 여러분의 머릿속을 내 나름대로 추측해 보았다.

책을 읽으면 글자를 통해 정보가 뇌로 들어온다. 그러면 우리의 뇌는 들어온 정보를 발판 삼아 '자신과의 대화'나 '저자와의 대화'를 시작한다. 어느 정도 사고가 무르익으면 과거에 있었던 일을 떠올리거나 앞으로는 이렇게 하자는 식으로 생각을 거듭하게 되고, 어느새 잊어버리고 있던 과거의 경험이 문득 떠오르고 사고가 점점 확장되어 간다.

결과적으로 새로운 아이디어가 탄생하거나 미래를 위한 한 발짝을 내딛는 중요한 계기가 된다. 믿기 힘들 수도 있지만 나는 이 모든 것을 '아침 독서'를 시작하며 직접 경험했다!

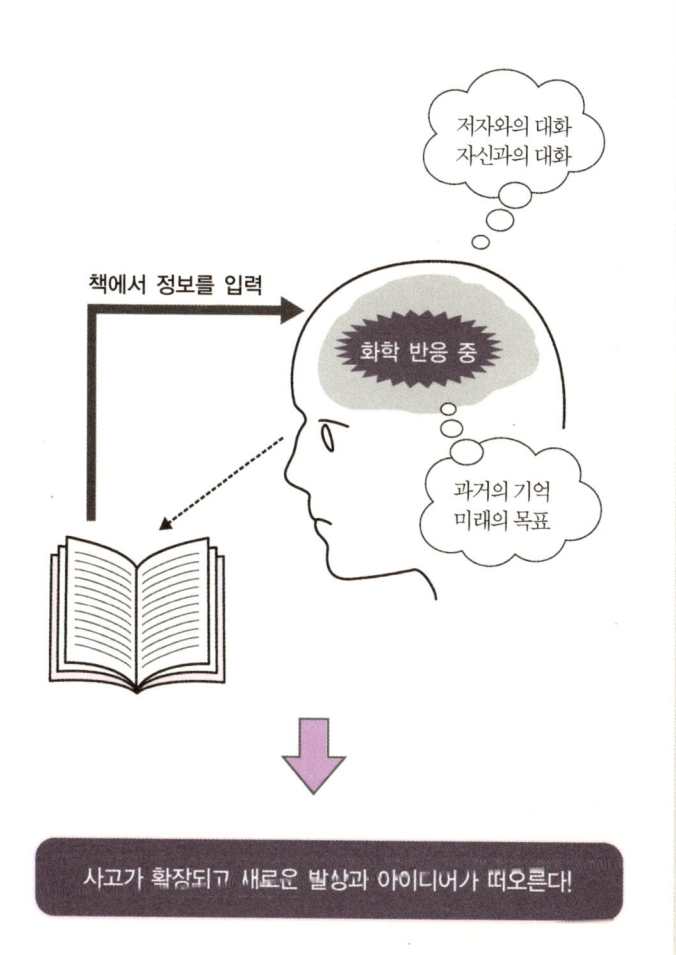

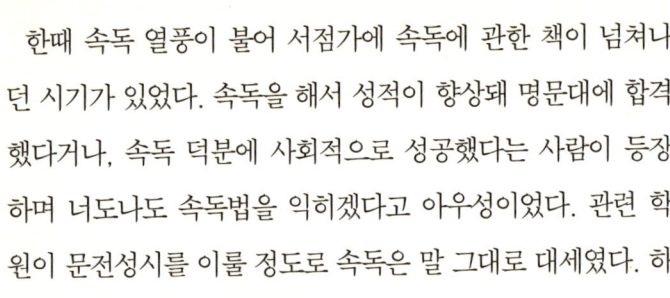 굳이 빠르게 읽을 필요는 없다

한때 속독 열풍이 불어 서점가에 속독에 관한 책이 넘쳐나던 시기가 있었다. 속독을 해서 성적이 향상돼 명문대에 합격했다거나, 속독 덕분에 사회적으로 성공했다는 사람이 등장하며 너도나도 속독법을 익히겠다고 아우성이었다. 관련 학원이 문전성시를 이룰 정도로 속독은 말 그대로 대세였다. 하지만 나는 기본적으로 속독을 추천하지 않는다.

급하게 먹은 밥이 체한다는 말처럼 지나치게 허겁지겁 책의 내용을 흡수할 경우 우리 뇌 속에서 화학반응이 제대로 일어나지 않는다고 믿기 때문이다. 물론 업무에 필요한 자료나 서류처럼 익숙한 내용을 빠르게 읽어야 하는 경우에는 속독이 효과를 발휘할 수도 있다. 그러나 소설이나 경제·경영서, 자기계발서 등을 속독으로 읽으면 '자신'이나 '저자'와 대화할 짬이 없다 보니 머릿속에서 화학반응이 일어나기 어렵다.

그래서 나는 책은 되도록 천천히, 느긋하게 시간을 들여 읽는다. 한 페이지를 읽고 나면 잠시 읽기를 멈추고 마음에 드는 구절에 밑줄을 긋거나, 책장 모서리를 접어 읽은 부분을 표시해 놓고, 책을 덮고 잠시 생각에 잠기기도 한다.

책을 덮고 잠시 생각에 잠기는 동안 뇌 속에서 화학반응이 일어나 아이디어가 뭉게뭉게 피어오르기 시작한다. 그래서 나는 30분 동안 책을 읽으면 그중 20분은 뇌 속의 화학반응에 따라 그저 생각이 흘러가는 대로 몸을 맡긴다. 나에게 책이란 단순히 정보를 얻는 도구가 아닌 '사고하기 위한 지적 공간'이기 때문이다.

03 영상은 스스로 생각하는 데 방해가 된다

 정보는 스스로 통제할 수 있다

"아침에는 텔레비전 뉴스를 보거나 출근길에 스마트폰으로 정보를 얻기 때문에 굳이 책을 읽을 필요가 없다"며 최근 독서 무용론을 주장하는 사람들이 늘고 있다. 그러나 나는 텔레비전에서 흘러나오는 영상은 글자에 비해 우리의 뇌 속에서 '화학반응'을 잘 일으키지 않는다고 믿는다.

인간의 시각에 직접적으로 호소하는 '영상'은 현장의 느낌을 생생하게 전달하기 때문에 글자를 읽는 것보다 이해하기 쉽다고 생각할 수 있다. 그러나 텔레비전은 우리에게서 느긋하게 생각할 시간을 빼앗아 간다는 폐해가 있다.

책이나 잡지는 한 줄 한 줄, 사람마다 각자 다른 속도로 읽어 나가게 된다. 또한 이해가 가지 않는 부분은 앞으로 돌아가 다시 읽거나, 잠시 책장을 덮고 생각에 잠길 수도 있다. 반면 영상은 각자의 사정은 개의치 않고 단숨에 일방적으로 흘러 들어온다. 따라서 텔레비전은 우리에게 스스로의 머리로 생각하거나 마음으로 느낄 여유를 주지 않는 매체라고 할 수 있다.

나는 숨 돌릴 틈도 없이 속사포처럼 정보를 쏟아내는 텔레비전 뉴스를 볼 때도 비슷한 느낌을 받는다. 텔레비전 뉴스 영상은 내 필요와 무관하게 쉬지 않고 발신된다. 때로는 굳이 듣고 싶지 않은 우울한 뉴스까지 듣게 만들어 순식간에 기분이 착잡해지는 경우도 있다.

어쩌다 본 텔레비전 뉴스에서 아이디어나 영감을 얻었다손 치더라도, 텔레비전이라는 매체의 특성상 잠시 멈추고 생각할 여유가 주어지지 않는다. 그저 숨 가쁘게 다음 뉴스로 넘어가 버린다. 그런 점에서 나는 굳이 뉴스를 본다면 텔레비전보다는 신문이 낫다고 생각한다. 신문이라면 지면을 대충 훑어보고 필요한 부분만 골라서 읽을 수 있고, 쓸모 있는 기사는 스크랩해 두었다가 나중에 천천히 시간을 들여 조사해 볼 수도 있다.

즉, 영상은 받아들이는 사람 쪽에서 '통제하기 힘든 정보'인 반면 책이나 잡지, 신문 등의 활자 매체는 받아들이는 사람 쪽에서 '통제하기 쉬운 정보'라고 할 수 있다. 그래서 '독서'가 영상을 보는 것보다 여러모로 훨씬 사고가 확장되는 지적 활동인 셈이다.

 텔레비전은 꼭 보고 싶은 프로그램만 녹화해서 시청한다

그렇다고 텔레비전을 내다 버리라거나 아예 보지 말라는 뜻은 아니다. 나 역시 주기적으로 텔레비전 뉴스나 시사 정보 프로그램을 시청하고, 가끔 드라마를 보며 스트레스를 풀기도 한다. 그러나 텔레비전을 보는 시간은 아무리 애를 써도 '타인 시간'이 될 수밖에 없다.

그래서 나는 보고 싶은 프로그램은 예약 녹화 기능을 이용해 미리 녹화해 두고 정해진 시간에 시청한다. 덕분에 필요한 정보만 얻을 수 있고, 1.5배 속도로 빠르게 훑어보며 시간을 절약할 수도 있다. 도중에 찾고 싶은 정보가 나오면 일시정지 버튼을 누르고 차근차근 조사할 여유도 있다. 무심코 리모컨에 손을 뻗어 텔레비전을 켜는 습관이 소중한 개인 시간을 빼앗는 주범임을 확실하게 인지해야 할 것이다.

우리의 머릿속은 무한히 펼쳐지는 우주다. 타인 시간을 줄이고 개인 시간을 늘리면 자연히 책을 읽을 시간도 늘어난다. 늘어난 개인 시간만큼 독서를 하면 뇌 속에서 '화학반응'이 일어나 점점 사고가 확장되어 가고, 내 머릿속의 우주 또한 점차 확장될 것이다.

이처럼 독서는 머릿속 우주를 확장하고 새로운 우주를 창조하는 빅뱅이다!

'영상'과 '책, 잡지, 신문'의 차이

영상

- 시각에 직접 호소해 이해하기 쉽다
- 받아들이는 쪽의 필요와 무관하게 정보가 발신된다
- 느긋하게 생각할 여유를 주지 않는다

책, 잡지, 신문

- 글자에서 상황을 읽어내는 능력이 필요하다
- 필요한 정보만 수집할 수 있다
- 잠시 읽기를 멈추고 찬찬히 생각할 수 있다

Chapter.2 04 아침 독서는 '집 이외의 장소'에서 하자

 '어느 정도의 긴장감'이 느껴지는 장소에서 읽는다

이번 장에서는 '책은 어디에서 읽어야 하는가?'라는 물음에 대해 생각해 보는 시간을 가지려 한다.

나는 아침 독서가 최고의 효율을 발휘하기 위해서는 '집 이외의 장소'에서 책을 읽어야 한다고 주장한다. 전철로 출퇴근을 하는 사람이라면 '출근 시간에 전철 안에서 책을 읽는 방법'을 적극 추천한다.

나는 이런저런 사정으로 교외로 이사한 후 치열한 출근 전쟁을 피하기 위해 매일 첫차를 타고 출근하게 되었다. 새벽 출근길은 사람들로 붐비기 전이라 조용히 책에 집중할 수 있다. 덕분에 자연스럽게 독서하는 습관을 기르는 계기가 되었다.

편도 2시간은 '여정'이라는 말이 어울릴 정도로 긴 시간이다. 매일 아침 첫차를 타고 출근하다 보니 한산한 전철 안에서 책을 읽을 여유가 생겼다. 이른 시간의 전철은 쾌적함 그 자체다. 일정한 흔들림에 몸을 맡기고 글자를 눈으로 좇는 환경은 독서를 하기에 최고의 환경이다. 출퇴근 시간의 혼잡을 피한 이른 아침의 전철은 훌륭한 '개인 서재' 역할을 해준다.

시간이 지날수록 차츰 사람이 늘어나지만, 아무리 붐벼도 기본적으로는 개인 시간이다. 책을 읽다 어깨가 뻐근해지면 중간 역에서 내려 잠시 한숨 돌리거나, 때로는 책을 덮고 멍하니 차내 안내 방송에 귀를 기울인다. 앉을 자리만 확보하면 전철 안은 최고의 독서 공간으로 변신한다.

사람이 없어 조용하다고 해도 유독 다른 곳보다 전철에서 더 책에 몰입할 수 있는 이유는 무엇일까? 아마 '시간적 제약'과 '공간적 제약'이 가해지기 때문일 것이다.

물론 쥐 죽은 듯 정적이 흐르는 도서관이나, 편안한 내 집 서재에서 책을 읽는 선택도 가능하다. 그러나 사람이란 의외로 지나치게 조용한 곳에서는 집중력을 발휘하기 힘든 법이다. 너무 조용하면 오히려 정신이 산만해지거나 혼자라는 생각에 마음이 해이해져 책장을 몇 장 넘기기도 전에 꾸벅꾸벅 조는 경우가 허다하다. 특히 평소에 책을 읽는 습관이 없는 사람의 경우 이러한 경향은 한층 뚜렷하게 나타난다.

그런 점을 감안하면 전철 안은 적당한 생활 소음이 있고 '남의 눈'이라는 감시 장치가 있어 독서에 집중하기에 최적의 공간이다. 남의 눈을 의식하면 주야장천 한 페이지를 붙들고 있기가 민망해 자연스레 집중력을 발휘해서 책을 읽게 되기 때문이다.

게다가 집에서는 집안일 등 다른 일에 신경을 빼앗기기 일쑤지만, 전철 안에서는 기본적으로 '잠', '독서', '휴대전화 만지작거리기' 외에는 딱히 할 일이 없다. 선택지가 적은 환경 역시 전철이라는 공간이 독서에 적합한 이유로 작용한다.

한산한 아침 시간에 전철을 타면 전철은 '달리는 서재'로 변신한다. 이른 아침 전철에 앉아 슬쩍슬쩍 남의 눈을 의식하며 나만의 세계로 들어가 독서를 즐기는 건 어떨까?

아침 독서는 '집 이외'의 장소에서

집에서 아침 독서를 하면

음, 어쩐지 집중이 안 되네…

ZZZ… 다시 이불 속으로

텔레비전

⬇

시간적·공간적 제약이 효과적! 예를 들면…

- 출근 시간 전철
- 카페나 패밀리 레스토랑
- 사무실

Chapter.2

05 독서는 저자의 인생을 몇 시간이나마 간접 체험할 수 있게 한다

 인풋하지 않으면 아웃풋도 할 수 없다

독자 여러분에게 드리는 깜짝 퀴즈! 다음 ○○ 안에 들어갈 말은 무엇일까요?

미래란 ○○을 하기 위한 시간이다.
__ 호아킨 로렌테(Joaquín Lorente), 《Think, It's Free》 중에서

자, 정답은……

바로 '미래란 [아직 하지 않은 일]을 하기 위한 시간' 이다.

위의 빈칸을 채우기 위해서는 우리의 뇌 속에 '무언가' 가 있어야 한다. 뇌 속에 정보가 없으면 아무런 단어도 떠오르지 않기 때문이다. 사람은 지금까지 축적한 경험 속에서만 매사

를 생각할 수 있다. 그러므로 답을 이끌어내는 사람이 되기 위해서는 스스로 '경험'하고 '지식'을 쌓는 노력이 중요하다.

그러나 경험과 지식을 쌓는 데는 만만치 않은 세월이 필요하다. 경험과 지식을 쌓는 데 걸리는 몇 년, 몇 십 년의 시간을 획기적으로 단축시키는 방법이 있다. 바로 '독서'이다!

 독서는 '시간 압축기'

책 속에는 저자가 몇 년, 몇 십 년에 걸쳐 체험한 '지혜'와 '경험'이 빼곡하게 응축되어 있다. 저자가 오랜 세월 '사고'를 거듭한 결과를 옹골차게 담은 매체가 책이라고 할 수 있다.

가령 저자가 한 권의 책을 출판하기까지 10년이란 세월이 필요했다면 그 책에는 저자의 10년간의 경험이 고스란히 담겨 있는 셈이다. 그런데 우리는 출근하는 2시간을 이용해 책 한 권을 뚝딱 읽어낼 수 있다. 그리고 책을 통해 저자가 가르쳐준 방법을 바로 그날부터 실천할 수 있다. 말하자면 돈을 주고도 살 수 없다는 시간을 독서를 통해 단숨에 얻을 수 있는 것이다.

만약 작정하고 저자와 완전히 똑같은 경험을 하겠다고 결심해도 현실적으로는 불가능하다. 설령 갖은 수를 써서 비슷한 체험을 한다고 치더라도 최소한 몇 년, 몇 십 년은 걸릴 것이다.

겨우 몇 시간으로 저자가 오랜 세월 동안 축적한 '지혜'와 '경험'을 습득할 수 있으니, 책이란 일종의 '시간 압축기'와도 같다.

만약 여러분이 지금 서른 살이라면 책 한 권을 읽고 난 뒤엔 마흔 살만큼, 아니 쉰 살만큼의 '지혜'와 '경험'을 손에 넣게 되는 셈이다. 책에서 얻은 지혜와 경험에 자신이 가진 사고를 더하면 지렛대 효과가 작용해 몇 배로 큰 결실을 얻을 수 있다.

06 좋은 책은 일곱 번이라도 다시 읽자

 같은 정보라도 읽는 시기에 따라
받아들이는 방식이 달라진다

메이지대학교 교수이자 독서와 글쓰기에 관한 베스트셀러를 여러 권 출간한 사이토 다카시는 자신의 저서 속에서 "좋은 책을 일곱 번 읽으면 앎을 실천할 수 있다"고 주장한다.

확실히 실용서나 자기계발서는 그저 책을 읽는 것만으로 충분하지 않다. 책에서 배운 지식을 실제로 활용해야 비로소 책을 읽은 의미가 있다.

머리로 얻은 '깨달음'을 '실천'으로 변화시키기 위해서는 같은 책을 꾸준히 되풀이해 읽으며 몸이 반사적으로 움직일 만큼 머릿속에 각인시킬 필요가 있다. 나는 아직까지 일곱 번을 되풀이해 읽은 책은 없지만 마음에 드는 책은 틈틈이 다시 펼쳐 보며 내용을 되새기려고 노력한다. 신기하게도 같은 책을 몇 번 다시 읽다 보면 지식이 실천으로 이어질 뿐 아니라, 나이를 먹고 입장이 바뀔 때마다 받아들이는 느낌이 완전히 달라진다. 즉, 같은 책의 동일한 정보를 받아들여도 뇌 속에서 '화학반응'이 일어나는 결과는 그때그때 달라진다는 것이다.

 시점이 바뀌면 사고방식도 바뀐다

조금 더 알기 쉬운 예를 들어보자.

〈밴티지 포인트(Vantage Point, 2008)〉라는 할리우드 영화가 있다. 이 영화는 대통령으로 분한 윌리엄 허트(William Hurt)가 군중 앞에서 연설을 하려는 순간 괴한에게 습격을 받는다는 줄거리의 서스펜스 액션이다. 이 영화의 백미는 '대통령 저격'이라는 사건을 여덟 명의 목격자가 서로 다른 시점(밴티지 포인트)에서 본 장면을 보여주는 부분이다. 각각의 목격자가 본 저격 장면이 몇 번이고 되풀이되는데, '대통령이 저격당했다'는 하나의 사실에 대해 시점이 바뀔 때마다 다른 측면을 보여준다.

독서도 이와 마찬가지다. 한 권의 책을 두고도 시점을 바꾸어 읽으면 다른 '깨달음'을 얻을 수 있다.

그래서 나는 '좋은 책은 일곱 번 읽어라.'라는 말은 같은 책이라도 시점을 바꾸어 읽으면 다른 깨달음을 얻을 수 있다는 의미라고 믿게 되었다.

'시점'이 바뀌면 사고방식도 바뀐다

밴티지 포인트(유리한 시점)

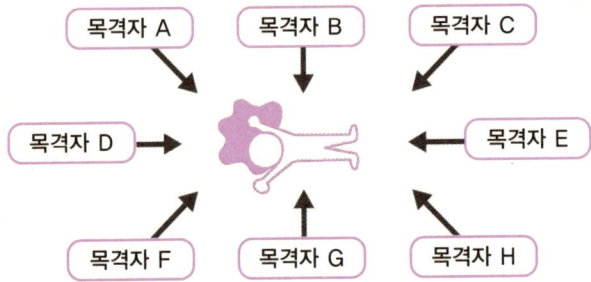

'대통령 저격'이라는 단 하나의 사실도
목격자의 성별, 국적, 직업, 자라온 환경 등의 배경에 따른
'시점'에 의해 보는 방식이 달라진다

독서 역시 이와 마찬가지다

07 좋은 책을 만날 때까지 아침 독서를 계속하자

 책만 펴면 졸음이 오는 사람도 얼마든지 변할 수 있다

지금까지 '독서'의 장점과 중요성에 대해 설명했지만 아직도 책만 펴면 졸음이 온다는 사람이 분명 있을 것이다. 하지만 걱정은 잠시 접어두어도 좋다. 사실 나도 아침형 인간이 되기 전에는 거의 책을 읽지 않았기 때문이다.

지금은 하루 한 권씩 꼬박꼬박 책을 읽고 감상문을 이메일 매거진이나 블로그 'Webook of the Day(webook.tv/)' 등에 소개하지만, 30대가 될 때까지 책과는 담을 쌓고 살았다.

대학 시절에 읽은 책이라고 해봐야 시바 료타로의 역사 소설 《료마가 간다》와 다자이 오사무의 《인간 실격》이 고작. 달랑 두 권뿐이니 무슨 책을 읽었는지 잊으려야 잊을 수가 없을 정도다. 두 작품 모두 만만찮은 분량의 장편이지만 인생에서 가장 자유로운 시기인 대학 시절에 고작 두 권밖에 책을 읽지 않았으니, 내가 생각해도 한심한 노릇이다.

이야기가 잠시 곁길로 빠진 감이 있지만, 워낙 책을 읽지 않은 탓에 대학 시절 미팅에서까지 망신을 당한 경험이 있다. "평소에 어떤 책을 읽으세요?"라는 여대생의 질문에 진땀을 뻘뻘 흘리다 결국 꿀 먹은 벙어리가 되었던 기억이 있다. 미팅 결과가 어땠는지는 굳이 말할 필요도 없으리라.

 '운명의 책'을 찾아라

만약 여러분이 과거의 나와 같이 책과는 인연이 먼 생활을 한다고 해도 더 이상 걱정할 필요 없다. 책에 좀처럼 집중할 수 없는 것은 아직 '인생을 바꿀 만한 양서'를 만나지 못했기 때문이다.

몇 번이나 같은 이야기를 늘어놓아 슬슬 짜증이 나는 독자도 있겠지만, 어쨌든 나는 매일 아침 편도 2시간이 걸리는 출근길의 지루함을 달래기 위해 책을 읽기 시작했다. 1시간이면 신문은 구석구석 샅샅이 훑어볼 수 있다. 당시에는 아직 스마트폰도 없던 시절이라 책만큼 좋은 소일거리가 없었다. 책을 읽거나 꾸벅꾸벅 조는 것 외에 전철 안에서 할 수 있는 다른 선택의 여지가 없었기에 가벼운 마음으로 독서를 시작했다. 말 그대로 심심풀이 삼아 읽기 시작했지만, 한 권 두 권 읽는 책이 늘어가는 동안 책 읽는 재미를 알게 되며 점점 책에 빠져들었다.

책 읽는 습관이 없던 나에게 소설은 진입 장벽이 높으리라는 생각이 들어 처음에는 자기계발서부터 읽기 시작했다. 마침 당시 근무하던 회사에 사내 도서실에 생겨서 공짜로 마음껏 책을 빌려다 볼 수 있었다. 일단 제목을 보고 재미있어 보이는 책부터 읽기로 했다.

내가 처음으로 읽은 책은 사이쇼 히로시의 《아침형 인간》이었다. 처음 읽은 책의 제목과 저자는 지금도 똑똑히 기억한다.

제목 그대로 '아침의 귀중한 시간을 효과적으로 활용하는 아침형 인간이 되자'는 내용의 책이다. 이 책이 내가 아침형 인간으로 거듭나는 데 든든한 버팀목이 되어주었음은 두말하면 잔소리다. 그 증거로 지금 이렇게 '아침 독서'이 탁월함을 알리는, 자칭 '아침 독서 전도사'가 되

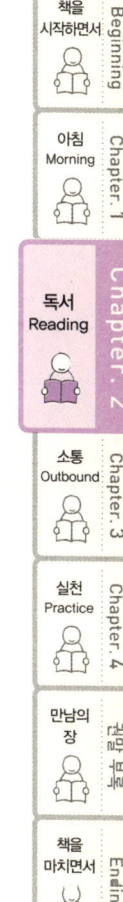

어 책을 쓰고 있으니 말이다. 인생이란 참으로 불가사의하다.

다시 본론으로 돌아와 어쨌든 나는 자기계발서를 계기로 독서에 눈을 떠 참새가 방앗간 드나들 듯 도서실 문턱이 닳도록 드나들며 도서실에 비치된 책들을 야금야금 읽어나갔다. 도서실에서 더 이상 빌려 읽을 책이 없을 때까지 책 읽기를 멈추지 않았다. 그리고 드디어 사내 도서실에서 더 이상 빌려 읽을 책이 없기에 이르자 동네 도서관으로 발길을 돌려 지금까지 독서 생활을 이어오고 있다.

이러한 경험을 통해 나는 누구나 '운명의 한 권'을 만난다면 반드시 책 읽는 재미에 푹 빠져 책을 사랑하는 사람으로 거듭나리라는 확신을 가지게 되었다.

'운명의 한 권'을 찾아라!

좀처럼 책에 집중할 수가 없다

| '운명의 한 권'을 만나게 되는 날까지 포기하지 말고 읽어야지. | 아아, 역시 책만 펴면 잠이 솔솔 쏟아지네. 난 독서 체질이 아닌가 봐. |

운명의 한 권

결국, 또 제자리걸음이네.

좀 더 다양한 책을 읽고 싶다!

인생이 바뀐다!

08 나만의 '양서'를 찾는 방법

 나에게 맞지 않는 책을 억지로 읽을 필요는 없다

평소 책 읽는 습관이 없는 사람들은 일단 손에 잡은 책은 반드시 끝까지 읽어야 한다고 철석같이 믿는 경우가 많다. 하지만 모든 책을 끝까지 읽을 필요는 없다. 지루한 책을 졸린 눈을 비벼가며 억지로 읽으려 애쓰기 때문에 점점 더 책에서 멀어지는 결과를 초래하는 것이다.

나는 나에게 맞지 않는다고 판단한 책은 대충 한 번 훑어보고 바로 책장을 덮는다. 도서관에서 책을 빌려서 읽으면 굳이 책값이 아까워 오기를 부릴 필요가 없기에 마음이 편하다.

책 읽는 습관이 없거나 이제 막 다시 독서를 시작하려는 사람은 가능한 가독성이 높은 책, 즉 책장이 술술 넘어가는 책부터 읽기 시작하는 게 좋다.

'만인에게 양서인 책'이란 존재하지 않는다. 설사 다른 사람들에게 허섭스레기 같은 책이라는 소리를 들어도 내가 재미있으면 그만이다. 내가 재미있게 읽을 수 있는 책이라면 아무리 시시한 책이라도 내게는 '양서'인 셈이다.

책은 단순히 지식을 갈무리하는 도구가 아닌 '사고하기 위한 도구'다. 그러므로 책은 즐길거리가 되어야 하며 사고의 계기를 마련해 주어야 한다.

처음부터 어깨에 힘을 잔뜩 주고 어려운 책을 파고들 필요는 없다. 만화면 어떠랴! 일단 '재밌다!'는 탄성이 절로 나오는 책부터 선택해야 한다. 시간을 잊을 만큼 푹 빠질 수 있는 책을 만나야 독서에 몰입할 수 있다. 내려야 할 역을 지나칠 정도로 푹 빠질 만한 책을 찾아 독서의 재미를 느끼는 게 독서 생활의 첫걸음이다!

09 다른 사람에게 소개받은 책이 세계를 넓혀준다

 독서 전도사를 자처하고부터 사람들에게 어떻게 책을 골라야 좋을지 모르겠다는 질문을 자주 받곤 한다. 나는 크게 3가지 사항에 초점을 맞춰 책을 선택한다.

① 서점에서 고른다

 가장 무난한 선택법이다. 나는 취미 삼아 종종 서점 구경을 가는데, 산책 삼아 서점에 들러 한 시간 정도 어슬렁거리며 책 구경을 하고 오는 식이다. 대개 자기계발 서적을 구입하지만, 제목을 보고 재미있어 보이는 책은 바로 집어 들고는 팔랑팔랑 책장을 넘기며 내용을 훑어보고, 목차와 개요를 찬찬히 읽고, '머리말'까지 꼼꼼하게 살핀다. 대개 머리말에 본문이 요약되어 있는 경우가 많기에 머리말은 반드시 훑어보고 저자의 주장이나 의도를 파악한다. 그 다음 본문을 몇 페이지 읽고 마음에 들면 구입한다. 이렇게 구입하면 대개 백발백중, 실패할 확률을 최소로 줄일 수 있다.

② 신문광고를 참고한다

요즘에는 신문을 구독하는 사람이 줄었지만, 나는 아직도 일주일에 한 번은 신문에 실린 신간 소개를 즐겨 읽는다. 제목과 서평을 보고 감이 오는 책은 바로 인터넷 서점에서 검색한 다음 단숨에 주문을 마친다. 평일에는 당일 택배로 받아볼 수 있고, 늦어도 하루나 이틀이면 원하는 책을 손에 넣을 수 있어서 애용하는 방법이다.

③ 다른 사람에게 소개받는다

사실 이 세 번째 방법을 가장 추천한다.

나는 현재 '100권 클럽'과 '맥북 카페'라는 독서 모임을 주최하고 있다. 그리고 주최자로서 가능한 한 모임에 참가한 사람들이 소개한 책을 모두 읽으려고 애쓴다. 제삼자에게 소개받은 책은 내 손으로는 절대 집어 들지 않는 분야의 책일 가능성이 높다.

최근에는 인터넷을 중심으로 다양한 독서 모임이 개설돼 활발하게 활동을 펼치고 있다. 대개 책을 좋아하는 사람들이 모여 서로 책을 추천하고 정보를 교환하는 친목 모임의 형태로 운영된다. 모임에 참석한 참가자들에게는 각자 몇 분의 시간이 주어지는데, 그 시간에 자신이 추천하고 싶은 책을 소개하는 형식이 대부분이다. 처음에는 부끄러워서 이리저리 빼던 사람도 몇 번 참가하는 사이에 익숙해져서 듣기만 해도 그 책을 읽고 싶은 욕구가 마구 솟아날 정도로 열정적으로 책을 소개하게 된다.

　요즘에는 아침이나 휴일을 이용해 곳곳에서 독서 모임이 개최된다. 책을 매개로 모두 함께 주인공이 될 수 있다는 점이 독서 모임의 장점 중 하나다. 각 포털 사이트의 카페나 미니 홈페이지의 클럽, 트위터, 페이스북 등에서 검색하면 내가 사는 지역에서 열리는 독서 모임을 손쉽게 찾을 수 있다. 일단 참가해서 분위기를 즐길 수 있게 되면 자신의 세계를 넓히는 데 확실한 도움이 될 것이다.

'좋은 책' 찾는 법

1 실제로 서점에 가서 책을 살펴본다

2 신문광고를 참고한다

3 다른 사람에게 소개받는다

음, 그래, 그래

독서 모임의 분위기

각 참가자는 자신이 추천하고 싶은 도서를 소개한다

Chapter.2 10 책은 깨끗이 봐야 한다는 집착을 버린다

 손으로 쓴 메모가 새로운 '뇌 속의 화학반응'을 촉진한다

돈을 주고 구입한 책은 반드시 깨끗이 읽을 필요가 없다는 게 내 지론이다.

책을 읽으면 우리의 뇌 속에서는 '화학반응'이 일어나 점점 사고가 확장되어 간다. 그래서 나는 내 머릿속에서 화학반응을 일으킨 부분에 밑줄을 긋거나 책장을 접어 표시해 두었다가 나중에 다시 읽을 때 길라잡이로 삼곤 한다.

때때로 책을 읽는 동안 저절로 떠오른 마음의 소리를 책장 한 귀퉁이에 적어 넣기도 한다. 나중에 다시 한 번 상세히 설명하겠지만, 읽은 책의 감상을 블로그나 이메일 매거진에 올려 공유할 때도 도움이 되는 방법이다. 블로그나 이메일 매거

진을 사용하지 않는 사람이라도 독서를 하는 동안 '화학반응'이 일어난 부분에는 밑줄을 그어서 표시하기를 적극 추천한다.

사람은 나이를 먹거나 입장이 바뀌면 같은 책을 읽어도 받아들이는 방식과 느낌이 이전과 크게 달라진다. 그러므로 밑줄을 그어두면 다음에 그 책을 다시 읽을 때 과거 자신의 생각이나 감정을 되돌아보며 변화와 성장을 확인할 수 있다.

책을 신성시하는 사람도 있지만 내 생각은 다르다. 때로는 독서에도 유희 감각을 적용해 놀이처럼 즐길 필요가 있다. 내가 추천하는 방법은 '나만의 제목 짓기'다. 책 표지를 벗기거나 뒤집으면 하얀 속지가 나오는데, 그 부분에 책을 읽고 내가 느낀, 이 책에 가장 어울리는 제목을 적어 넣는 것이다. 제목을 지을 때는 '이타적 이기주의 정신'을 발휘해야 한다. 제목을 본 사람들이 고개를 갸웃거리며 도대체 무슨 책인지 내용을 궁금해할만 한 제목을 이리저리 궁리하는 과정도 책을 읽는 하나의 즐거움이 된다.

책은 깨끗이 읽고 소중하게 보관해야 한다는 고정관념을 버리면 독서를 즐기는 방법이 훨씬 다채로워진다.

책에 메모하기를 꺼리지 말자

내가 직접 메모한 책을 예로 들어 살펴보자

책을 읽는 동안 떠오른 아이디어를 내가 강사를 맡은 '타임매니지먼트' 연수에 활용하기 위해 책의 속지에 메모했다.

위 사진의 책은
《정보 정리 달인의 7가지 비결》(국내 미출간)
(미즈구치 가즈히코, 2010)

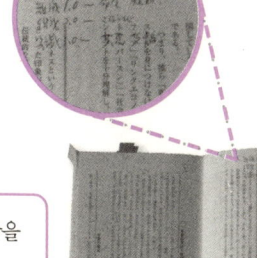

'비즈니스 2.0'이라는 말에 자극을 받아 떠올린 개념인 '조직 1.0', '조직 2.0', '조직 3.0'을 메모함.

위 사진의 책은
《공감 기업》(사카모토 게이치, 2010)
(국내 미출간)

101

Chapter.3

소통
Outbound

소통으로
세계를 넓히자

인생이라는 시간의 바다에서 표류할지, 아니면 스스로의 힘으로 헤엄쳐 나갈지는 모두 본인의 선택에 달려 있다.

Chapter.3

01 '소통'으로 생각하는 습관이 생긴다

 '소통'은 사고를 편집하고 활용하게 한다

지금까지는 주로 아침 독서의 즐거움과 장점에 대해 살펴보았다. 아침에 일찍 일어나는 것만도 버거운데 책까지 읽으라니 말도 안 되는 소리라고 생각했던 사람도 여기까지 책을 읽어오는 동안 조금은 아침 독서에 도전하고 싶은 마음이 생기지 않았을까?

일찍 일어나 책을 읽는 습관이 어느 정도 자리를 잡으면 이제 마지막 과제가 남아 있다. 바로 '소통'에 도전할 차례다.

'책을 읽는 것만도 기특한데 소통까지 하라고? 왜 굳이 귀찮게 나 책 읽었소, 하고 다른 사람들한테 광고하다시피 해야 하는지 그 이유나 좀 들어봅시다.'

독자 여러분의 볼멘소리가 여기까지 들려오는 관계로 잠시 소통(아웃바운드)의 중요성에 대해 짚고 넘어가고자 한다.

독서는 그저 지식과 정보를 얻기 위한 도구가 아닌 '사고' 하기 위한 도구다. 스스로 생각하는 습관은 세상을 살아가는 데 매우 중요한 능력이다. 사회인이 된 이상 스스로의 판단에 전적으로 의존해 선택을 하고 삶을 꾸려가야 한다. 더 이상 '이렇게 해라', '이 길로 가면 안전하다' 고 충고해 주는 부모님이나 선생님은 없다.

따라서 불확실한 세계에서 살아남기 위해서는 지식과 정보를 모으고, 스스로의 머리로 '편집' 하고 '활용' 하는 힘이 필요하다.

거듭 강조하지만, 우리가 특별히 무언가를 의식하지 않고 책을 읽는 와중에도 우리의 머릿속에서는 '화학반응' 이 일어나 사고가 점점 확장되어 간다.

'그러고 보니 예전에 읽은 책에도 비슷한 말이 나왔는데.'
'이 사례는 다음번 프레젠테이션에 써먹을 수 있겠군.'
'이 책의 저자처럼 행동하면 인생이 즐거워지겠는걸.'

책을 읽는 동안 우리의 머릿속에서는 생각이 이리저리

가지를 쳐서 때로는 공감을 하고 반론을 하고 내용을 나름대로 편집해 가며 바삐 움직인다.

우리가 알아차리지 못하지만 독서를 할 때 우리의 머릿속에서는 분주하게 화학작용이 일어나 사고가 확장된다. 이 사고 과정을 그냥 내버려 두면 책을 읽으면서 생각하고 느낀 것들이 고스란히 망각 속으로 사라져 버린다.

인간의 사고 과정과 망각의 상관관계를 설명한 훌륭한 이론이 있다. 독일의 헤르만 에빙하우스라는 심리학자가 고안한 '망각곡선'이라는 개념이다.

망각곡선이란 기억과 망각의 시간적 관계를 나타낸 곡선 그래프를 일컫는다. 실험 결과에 따르면 우리가 무언가를 기억하기만 하고 '반복 작업'을 하지 않을 경우 불과 20분 만에 42%가 기억 속에서 사라진다고 한다. 1시간이 경과하면 약 56%, 1주일이 지나면 70%를 잊어버리니 모처럼 책을 읽어도 기록해 두지 않으면 금세 망각 속으로 허무하게 사라지는 셈이다.

이러한 망각 작용을 극복할 수 있는 방법이 바로 '소통'이다. 생각이 망각 속으로 사라지기 전에 사고를 정리하고 깔끔하게 편집해서 블로그나 이메일 매거진 등으로 '소통'하는 습

에빙하우스의 망각곡선

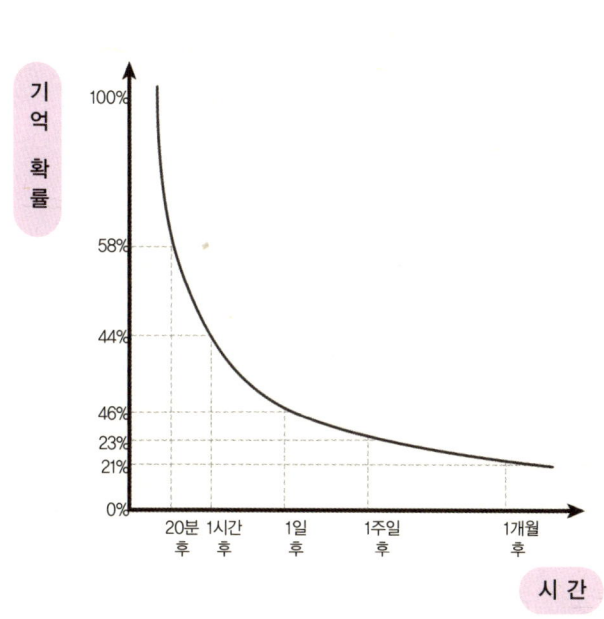

기억한 정보는 금세 잊어버린다

관을 기르면 독서로 얻은 지식과 정보를 '내 생각'으로 숙성시켜 활용할 수 있다.

'소통'함으로써 읽은 책의 내용을 잊지 않게 된다

1 책을 읽는 동안 생각이 가지에 가지를 친다

이건 우리 회사에서도 쓸 수 있겠는데

다음 주 회의 시간에 써먹어 볼까?

2 책에서 얻은 느낌과 생각을 다른 사람과 공유하고 소통한다

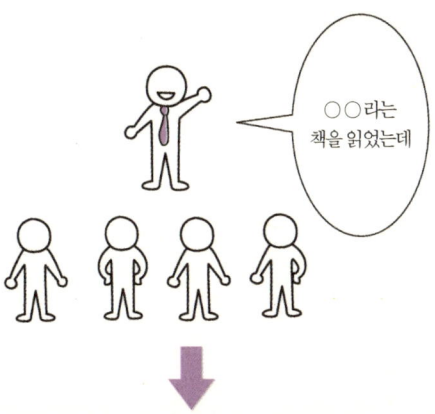

○○라는 책을 읽었는데

마음에 확실하게 각인되어 쉽사리 잊을 수 없다!

Chapter.3 - 02 인생에 필요한 '소통 능력'을 익힌다

 '스위트 스폿(Sweet Spot)'의 마지막 난관

'일찍 일어나기' × '독서' × '소통'의 교집합에 나는 '인생을 바꾸는 스위트 스폿'이라는 이름을 붙였다.

일단 이 스위트 스폿에 들어가면 설명할 수 없는 불가사의한 힘이 작용한다. 덕분에 그렇게나 무겁던 눈꺼풀이 번쩍 떠지고 아침 독서가 삶의 기쁨으로 변화한다.

나는 블로그에 올린 서평 덕분에 소통하는 기쁨을 체험할 수 있었다. 황송하게도 내가 읽은 책의 저자로부터 직접 자신의 책을 읽어주어서 고맙다는 이메일을 받기도 했고, 반대로 '이 책을 읽고 감동 받았습니다. 꼭 한 번 만나 뵙고 좋은 말씀을 듣고 싶습니다.'라는 연락이나 취재 요청을 받기도 했다. 이런 기쁜 경험도 '소통'을 전제로 하지 않았다면 누릴 수 없는 행복이다.

그런데도 이 스위트 스폿에 들어가기를 거부하는 사람이 많다. 소통을 부담스럽게 느끼거나 소통에 거부감을 가진 사람들은 자신에게는 소통 능력이 부족하다며 지레 겁을 먹고 몸을 사리는 것이다. 해보기도 전에 겁을 먹을 필요는 없다. 물에 뛰어들기 전에는 그 물이 차가운지 따뜻한지 얕은지 깊은지 확실하게 알 길이 없다. 다이빙을 하기 전에 어느 정도 겁을 먹는 것은 어쩔 수 없지만, 언제까지고 뛰어들기를 거부한다면 세계를 바꿀 기회를 스스로 포기하는 것과 다름없다.

'소통' 습관을 기르자

학창 시절부터 주입식 교육을 받다 보니 소통에 부담을 느끼는 사람이 많다. 단순한 지식을 일방적으로 주입하고 암기를 강요당하는 교육은 우리에게서 스스로 생각하고 다른 사람과 생각을 공유하며 소통하는 기회를 앗아갔다.

그나마 유일하게 자신의 생각을 배출할 수 있는 공간이

학교 시험이다. 그러나 시험 역시 객관식이든 주관식이든 답은 한 가지로 정해져 있다. 그러다 사회에 나오자 상황이 일변했다. 회사에서 보고서를 쓰고, 프레젠테이션을 준비하고, 스스로의 인생을 설계하고, 가족을 책임지는 등 답이 정해지지 않은 문제와 이리저리 씨름하는 나날이 시작된 것이다. 인생이란 본디 무수한 밤하늘의 별처럼 답이 없는 문제들이 산재해 있다.

그런데 아무리 답을 찾으려 애써도 좀처럼 답을 찾을 수가 없어 손을 놓아버리는 경우도 많다. 결국 많은 사람들이 점점 더 답을 찾는 일, 즉 소통에 부담을 느끼고 이내 포기해 버린다. 사회에 나오면 가능한 어려운 일은 생각하지 말자며 아예 스스로의 사고 기능을 정지시킨 사람도 있다.

그러나 문제를 그저 외면해 버리면 아무것도 해결되지 않는다. 앞으로의 격변하는 시대를 살아가기 위해서는 스스로 생각하고 그 생각을 밖으로 끄집어내 타인과 공유하는 '소통 능력'이 필요하기 때문이다.

그런 의미에서 '일찍 일어나기' × '독서' × '소통' 습관은 소통 능력을 기르는 가장 손쉽고 효과적인 훈련이 되어줄 것이다. 학창 시절에 치르던 시험처럼 정해진 정답을 맞히지 못하면 좋은 점수를 얻지 못하는 시스템과는 다르다. 그러니 책을 읽으며 느낀 느낌과 생각을 부담 없이 가벼운 마음으로 글로 쓰고 말하는 연습을 시작해 보자.

인생을 바꾸는 '스위트 스폿'

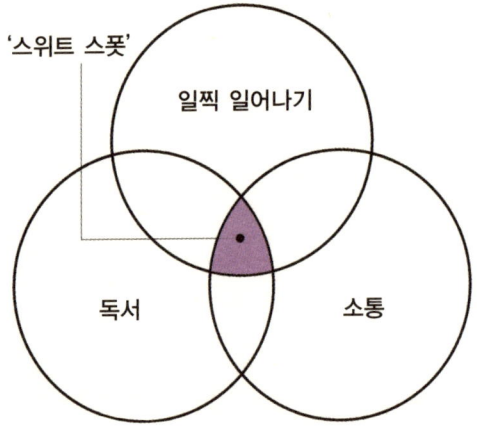

'일찍 일어나기', '독서', '소통'의 교집합은
인생을 술술 풀리게 한다!

Chapter.3
03 '소통'은 멈추고 싶지 않은 정도로 즐겁다

 나는 우연히 이끌렸다

구체적으로 소통하는 방법을 살펴보기 전에, 먼저 내가 어떻게 스위트 스폿에 들어갔는지에 대해 잠시 이야기해 볼까 한다.

나는 15년 전부터 내가 읽은 책의 내용을 다른 사람들에게 전하기 시작했다. 회사 동료나 후배들에게 내가 읽은 책의 내용을 이메일로 정리해 보내며 독서 전도사로서 활동을 개시했다. 원래는 편도 2시간이나 걸리는 출근길의 무료함을 달래기 위한 수단으로 책읽기를 선택했었다. 콩나물시루처럼 빽빽한 지하철에서 아침마다 악다구니를 쓰며 씨름하고 싶지 않아 새벽 4시에 일어나 첫차를 탔다. 조용한 전철 안은 독서 공간으로서 그야말로 제격이었다.

독서의 즐거움에 흠뻑 빠진 나는 출퇴근 시간을 이용해 하루에 한 권씩 책을 읽어치우는 애서가로 변신했다. 그런데 기껏 읽은 책의 내용을 금세 잊어버리기 일쑤였다. 안타까운 마음에 기억에 오래 남을 수 있는 방법을 모색했다. 목마른 사람이 우물을 판다고, 바로 어제 읽은 책의 저자 이름도 생각나지 않는 지경에 이르자, 일단 책 제목과 저자 이름, 내용을 기록하기 시작했다. 말하자면 일종의 '독서 일기'였던 셈이다.

독서 일기를 쓰며 차츰 내가 읽은 책을 다른 사람들에게도 알리고 싶다는 오지랖이 발동해 회사에서 친한 몇몇 동료들에게 내가 읽은 책의 내용을 정리해 이메일로 보내게 되었다. 처음에는 별 생각 없이 보내던 이메일이 의외로 좋은 평판을 얻게 되자 여기저기서 메일을 보내달라는 요청이 늘어났다.

호의적인 반응에 힘을 얻은 나는 좀 더 좋은 반응을 끌어내고 싶다는 욕심에 박차를 가했고, 덕분에 '일찍 일어나기' × '독서' × '소통'이 선순환을 일으켜 지금에 이르게 된 것이다.

내가 '스위트 스폿'에 들어가기까지

1. '콩나물시루처럼 복작이는 전철은 이제 그만! 좋아, 일찍 일어나서 첫차를 타는 거야!' — **일찍 일어나기**

✕

2. '전철이 한산해서 좋긴 한데, 그냥 앉아만 있자니 따분하네. 그래, 책이라도 읽자!' — **독서**

✕

3. '기껏 책을 읽어도 돌아서면 책 내용이 하나도 생각나질 않잖아. 오늘 읽은 책 내용을 정리해서 동료와 후배들에게 메일로 보내자!' — **소통**

↓

'스위트 스폿' 돌입!

판세가 점점 커지다

  내가 막 이메일로 책 소개를 시작했을 무렵, 인터넷 공간에서 이메일 매거진을 전문으로 발행하는 서비스와 서평 전문 사이트가 정식으로 문을 열었다. 그때가 1997년. 나는 바로 사이트에 가입해 서평을 이메일로 발송하기 시작했다.

  그렇게 차츰차츰 독자가 늘어 지금은 만 명 이상의 사람들이 내가 보내는 메일을 읽고 있다. 나는 내가 쓴 서평을 모은 'Webook of the Day(webook.tv)'라는 공식 사이트를 만들어 이메일 매거진과 동시에 서평을 발신하고 있다.

  독자들의 칭찬과 감사의 목소리는 내게 동기를 부여했고, 어느새 강산이 변한다는 10년이 훌쩍 지나 이메일 매거진과 서평 사이트를 운영하기에 이르렀다.

  사람은 누군가를 기쁘게 하면 그만큼 더 힘이 솟아나는 존재다.

  '이 책은 ○○ 씨가 좋아할 법한 책이네. 이 부분을 중점적으로 소개하면 기뻐하겠지?'

  구체적으로 기쁘게 해주고 싶은 누군가를 상상하며 글을 쓰면 서평을 쓰는 작업이 한층 즐거워진다.

내가 10년이나 서평을 쓰는 모습을 보고 사람들은 나에 대해 엄청난 끈기의 소유자일 거라고 추측하곤 한다. 하지만 나는 결코 비범한 끈기의 소유자가 아니다. 나 혼자만을 위한 일이었다면 이미 작심삼일로 끝났을 터이다. 하지만 누군가를 기쁘게 해주고 싶어서, 깜짝 선물을 주고 싶어서 계속하다 보니 신기할 정도로 불끈 힘이 솟아났다.

나는 소통을 통해 누군가에게 기쁨을 줌으로써 결과적으로는 나 자신이 몇 십 배의 행복을 선물 받았다. 내 경우, 인터넷 상에서 소통할 뿐 아니라 오프라인에서도 '100권 클럽'과 '맥북 카페' 등의 독서 모임을 개최하고 있고, 'J-College'라는 이름으로 저자와 지식인을 초빙해 세미나를 여는 등 모두의 소통에 보탬이 되기 위한 소통 전도사로 활동 중이다. 이러한 활동을 통해 독자 여러분은 물론이거니와 저자들과의 인맥도 꾸준히 확장되었다. 다방면에 걸친 인맥은 곧 내 자신감이자 재산이라고 자부한다.

동료가 늘고 응원해 주는 사람들도 늘어나다 보니 실제 일에 도움이 되는 경우도 많아졌다. 내가 일군 작은 성공은 끈기나 인내의 소산이라기보다 즐거움의 산물이다.

도저히 즐거움을 포기할 수 없었기에 지금까지 계속해온 것이 우연히 좋은 결과를 나았을 따름이다. 아무쪼록 한 사람이라도 더 인생을 바꾸는 멋진 선물인 '소통'의 위력을 깨닫기 바라며 나는 오늘도 아침 독서를 계속하고 있다.

'격려'가 원동력이 된다

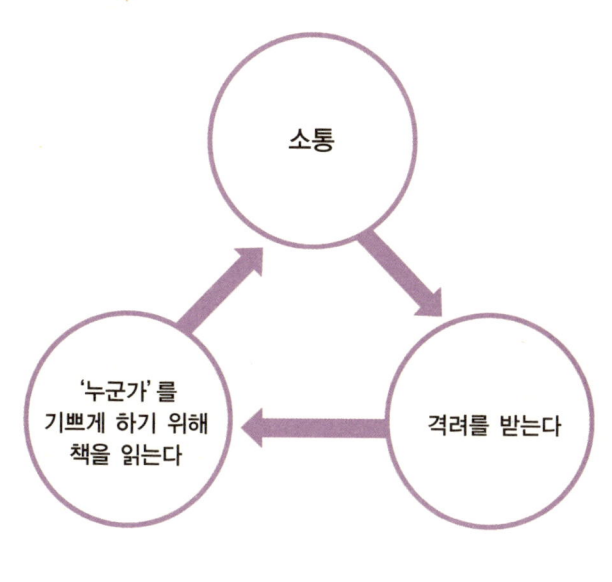

이 순환이 돌고 돌면
소통을 멈출 수 없을 정도로 즐거워진다!

Chapter.3
04 지금 바로 소통을 시작하자!

 정보를 '발신'하는 쪽이 되어라

이제 구체적으로 '소통'하는 방법에 대해 핵심을 콕콕 짚어가며 설명하기로 한다.

(1) 현실 세계에서 소통의 장을 만든다

친구와 가족에게 이야기한다

이른바 '입소문'이다. 먼저 친구나 가족에게 오늘 읽은 책의 감상을 이야기하는 것부터 시작해 보자. 이야기하는 것 자체는 간단하지만 실제로 이야기를 하다 보면 지금까지 '읽은 책의 감상을 다른 사람에게 말하지 않았다'는 의외의 사실을 깨닫게 될 것이다.

그저 감상을 이야기하는 게 무슨 도움이 되느냐고 반문하는 사람도 있지만, 입소문 역시 어엿한 '소통'이다. 어렵게 생각할 필요는 없다. 이 책의 이런 구절에서 감동을 받았다거나, 이 저자의 사고방식 중 이 부분이 참고가 되었다 등의 핵심을 간략하게 전달하는 정도로 충분하다.

독서 모임에 가입한다

최근 이른 아침이나 휴일을 이용한 '독서 모임'이 각지에서 개최되고 있다. 인터넷에서 검색하면 손쉽게 독서 모임을 찾을 수 있다. 코드가 맞는 모임을 찾아 가입 후 직접 모임에 참석해 보자.

일반적인 독서 모임은 대개 추천하고 싶은 책 한 권을 가지고 모임에 참석해 참가자들에게 소개하는 식으로 이루어진다. 불특정 다수에게 책을 추천하는 것은 아주 훌륭한 아웃풋 연습이다.

(2) 인터넷을 이용한다

트위터

'트위터'는 140자로 가볍게 전할 수 있는 소셜 네트워크 서비스(SNS)다. 트위터의 글쓰기란에 책의 제목, 저자

명, 출판사를 쓰고 한 줄 정도의 짤막한 감상을 덧붙이면 나만의 독서 일기가 완성된다. 또한 책을 좋아하는 팔로워가 많아지면 서로 책을 추천하거나 독서 모임에 관한 정보를 주고받는 등 책과 관련된 다양한 정보를 발 빠르게 입수할 수 있어 소통이 나날이 즐거워진다.

페이스북

영화 《소셜 네트워크》로 일약 세계적인 유명세를 타게 된 '페이스북'의 창시자 마크 주커버그(Mark Zuckerberg). 현재 전 세계에 7억 명이 넘는 가입자를 거느린 세계 최대의 소셜 네트워크 서비스가 바로 페이스북이다.

페이스북은 사진 등록과 공유가 간편하다는 장점이 있다. 글재주가 없어서 긴 글을 쓰는 것이 영 자신 없는 사람도 책 표지 사진과 한 줄 정도의 짧은 감상을 덧붙여 등록하면 훌륭한 서평이 완성된다. 또한 블로그에는 댓글이 달리지 않으면 썰렁한 느낌이 들지만, 페이스북에는 '좋아요' 버튼이 있어서 방문한 사람이 가볍게 클릭하고 평가해 주기에 동기를 부여하는 훌륭한 자극제가 된다.

블로그

이제 우리 생활의 일부가 된 '블로그'. 이미 블로그를 운영 중인 사람이 많겠지만, 가능하면 '서평 전용' 블로그를 새롭게 만드는 방안을 추천한다. 서평 전용 블로그에는 아무래도 책을 좋아하는 사람들이 방문할 확률이 높다. 서평 블로그는 좋은 동료와 정보를 얻는 통로가 되어준다.

글솜씨가 다소 부족해도 본문에서 마음에 드는 구절을 발췌해 옮겨 적다 보면 어느새 감상이 술술 흘러나온다. 또한 인터넷 서점이나 포털 사이트의 책 소개로 바로가기 링크를 만들어 주면 흥미를 가진 사람들이 바로 구입할 수 있어서 편리하다.

이메일 매거진

'이메일 매거진'을 발행하기 위해서는 최소한 800자 정도의 원고가 필요하다. 따라서 트위터나 블로그 등을 통해 어느 정도 글쓰기에 익숙해진 다음 시작하기를 조언한다.

이메일 매거진에 글을 쓸 때는 다음 3가지를 유념해야

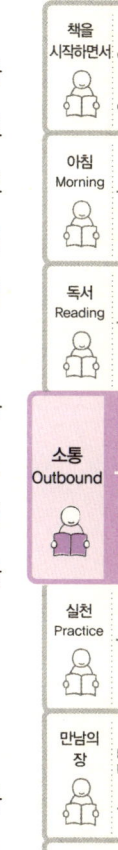

한다.

① 무엇에 관해 쓴 책인가
② 저자는 무엇을 주장하는가
③ 나는 이 책을 읽고 무엇을 느꼈는가

위의 3가지 사항에 초점을 맞춰 글을 쓰면 글을 쓰기가 한 결 수월해진다. (한국에는 이메일 매거진보다 간편하게 소통할 수 있는 '네이버 오픈캐스트[opencast.naver.com]', '다음뷰[v.daum.net]'가 있다.)

마인드맵 메모
'마인드맵'이란 영국의 토니 부잔이 구상한 사고법으로, 문제 정리나 의사록, 프로젝트 매니지먼트 등에 위력을 발휘하는 일종의 사고 도구다. 마인드맵을 독서 메모에 활용함으로써 읽은 책의 내용은 물론, 요점과 활용법 등을 깔끔하게 갈무리할 수 있다.

이메일의 '서명' 기능을 활용

내가 가장 즐겨 사용하는 간편한 방법이다. 나는 책을 읽고 나서 마음에 남는 구절을 메모하는데, 그중에서 몇 문장을 뽑아 이메일 서명란에 적어 넣는다. 예를 들면 이런 식이다.

"인생이란 주어진 시간이다. 그러므로 인생과 시간과 생명은 같은 의미다.

　　　　　　　　　　　　　_《싸우지 않는 경영》by 하마구치 다카노리

"서로 뺏고 빼앗으면 항상 모자란다. 그러나 서로가 서로를 이해하면 항상 충분하다."

　_《고객의 감동을 설계하는 해피엔딩 마케팅》by 히라노 히데노리

"습관, 이 작은 행동의 반복이 인생을 만든다."

　　　　　　　　　　_《나이를 거꾸로 먹는 건강법》by 히노하라 시케아키

서명란에 쓰는 문구를 그날의 기분에 따라 바꾸어 쓰는 작업은 일종의 삶의 낙으로 자리 잡았다. 서명란을 읽고 느낀 감상을 메일로 받는 기쁨 또한 쏠쏠하다. 소박한 방

법이지만 나름 훌륭한 소통이 되어준다.

 지금까지 소개한 방법 중 자신에게 가장 잘 맞는 방법을 선택해 오늘부터 소통을 시작해 보자.

다양한 공간에서 소통하자

1 현실 공간에서 소통한다

- 가족이나 친구에게 이야기한다
- 독서 모임에 참가한다

2 인터넷 공간에서 소통한다

- 트위터
- 페이스북
- 블로그
- 이메일 매거진
- 마인드맵 메모
- 이메일 서명 기능

05 '이쪽'에서 '저쪽'으로

 정보의 '발신자'와 '수신자' 사이의 벽이 낮아졌다

얼마 전부터 '웹 2.0'이라는 단어가 심심찮게 들려온다. '인터넷에서 무엇이든 전할 수 있는 편리한 시대.' '웹 2.0'이라는 말에는 대강 이런 뜻이 담겨 있다. 그러나 용어의 의미보다 배경에 초점을 맞출 필요가 있다. 웹 2.0이란 '이쪽'이 '저쪽'이 될 수 있는 시대가 시작되었음을 암시하는 말이다.

책을 쓰는 사람, 영화나 텔레비전에 나오는 사람, 강단에 서서 강연을 하는 강사 등은 모두 '저쪽' 사람이다. 평범한 '이쪽' 사람인 우리가 '저쪽'으로 넘어가기 위해서는 만만찮은 진입 장벽을 넘어야 한다. 그러나 '웹 2.0' 시대가 시작되면서 진입 장벽이 단숨에 낮아졌다. 사실 진입 장벽 자체가 허물어졌다고 해도 과언이 아니다.

우리는 현재 트위터나 페이스북을 통해 나라 안팎의 사람들과 소통하고 있고 순식간에 연결될 수도 있다. 2011년 동일본 대지진이 일어났을 때도 트위터를 통한 전 세계 사람들의 응원 메시지에 힘입어 다시 일어설 수 있었다는 사람들의 이야기를 들을 수 있었다.

평범하기 그지없는 일반인이 올린 유튜브 동영상도 재미만 있으면 몇 만 명씩 그 영상을 감상하기도 한다. 돈도 수고도 들이지 않고 소통할 수 있는 기회가 평등하게 주어진다. 말하자면 이제 누구나 주인공이 될 수 있는 시대가 시작된 것이다.

그러나 아무리 소통할 기회가 평등하게 주어져도 사람들은 재미없는 게시물은 클릭하지 않는다. 즉, 아침 독서로 연마한 양질의 정보를 공유하고 뇌 속에서 화학반응을 일으켜 '새로운' 무언가를 꾸준히 공유하는 노력이 인터넷 세계에서 성공을 좌우하는 관건이다.

06 즐거움의 씨앗을 뿌리면 언젠가 꽃이 핀다

 다른 사람을 위하는 순수한 마음이 끈기의 열쇠

소통을 할 때도 역시 주의해야 할 점이 있다. 바로 '즐기며 소통' 해야 한다는 것이다.

소통함으로써 '반드시' 일이나 인맥에 도움이 되어야 한다는 생각은 금물이다. 순수하게 상대방이 웃는 얼굴을 상상하며 스스로 즐기는 소통이 진정 바람직하다. 사람은 본래 자신만을 위한 일에는 전력을 다하기 힘든 존재다. 하지만 누군가를 즐겁게 하거나 미소 짓게 하기 위해서는 상상 이상의 힘을 발휘할 수 있다.

지금은 만 명이 넘는 독자들을 대상으로 이메일 매거진을 발행하는 나 역시 단순한 동기에서 소통을 시작했다. 회사 동료와 후배에게 혼자 보기 아까울 정도로 좋은 책을 알려주고 싶다는 소박한 바람이 이 자리의 나를 있게 한 원동력이 되었다. 우연히 내 메일을 받은 동료가 내가 추천한 책을 읽었다고 하면 하루 종일 신바람이 날 정도로 뿌듯했다. 나는 스스로의 즐거움을 위해 소통을 계속해온 셈이다.

새삼 돌아보니 과거의 방대한 서평 이메일 매거진에는 내가 성장한 기록이 고스란히 담겨 있었다. 매일 배움의 자세로, 동시에 다른 사람들에게 조금이나마 보탬이 되고 싶다는 생각이 원동력이 되었고, 덕분에 오늘의 내가 있으니 이렇게 고마운 일이 또 어디 있으랴. 작은 소통으로 시작된 인맥이 가지를 치고 뻗어간 덕분에 대학 강의와 서적 집필 등의 과분한 일까지 맡게 되었다.

매일 즐겁게 공유하면 여러분이 뿌린 '즐거움'의 씨앗은 점점 멀리 날아가 이윽고 아름다운 꽃을 피우고 커다란 열매를 맺을 것이다. 아무쪼록 '즐기는' 마음을 잊지 말고 꾸준히 소통을 이어가기를 바란다.

즐기기 위해서는 '누군가를 기쁘게 하고자' 해야 한다

Chapter.3

07 시간이 없다는 말은 시간에 휩쓸린다는 증거

 '개인 시간'은 스스로 만드는 것

내가 다양한 공간에서 사람들과 소통해야 한다고 말하면 열이면 열, 일할 시간도 모자라는데 다른 사람들과 인터넷으로 수다 떨 시간이 어디 있느냐는 시큰둥한 반응이 돌아온다. 그러나 시간이 없다는 말은 곧 '개인 시간'을 활용하지 못한다는 증거이자 타인 시간에 휩쓸리고 있다는 뜻이다.

매일 꼭두새벽부터 밤늦게까지 일하고 집으로 돌아오면 멍하니 텔레비전을 시청하거나 그저 푹 쉬고 싶은 마음이 앞서는 것도 당연하다. 그러나 그런 생활을 계속하면 평생 '타인 시간' 속에서만 살다 생을 마감하게 될 수도 있다.

만약 오늘부터 하루 15분, 블로그나 이메일 매거진을 쓰는 시간을 가진다면······.

5년 후에는 15분 × 365일 × 5년 = 2만 7,375분. 이를 날짜로 계산하면 약 19일치의 '개인 시간'이 형태를 갖춘 작품으로 남게 된다. 개인 시간은 억만금을 주고도 살 수 없는, 돌이킬 수 없이 귀중한 시간이다.

나는 첫차를 타고 출근하며 전철 안에서 책을 읽었다. 그리고 회사에 도착하면 아무도 없는 텅 빈 사무실에서 그날 아침에 읽은 책에 관한 서평을 썼다. 회사에서 개인적인 이메일을 보낸다고 개념 없는 사람이라는 소리를 들을 걱정은 없다. 남들보다 일찍 출근해 팩스를 확인하거나 이메일을 확인하며 제대로 업무를 처리하고 있으니 말이다. 딱 15분가량 '개인 시간'을 갖는다 해도 회사에 손해를 끼칠 만한 문제가 발생할 가능성은 제로에 가깝다.

인생이라는 시간의 바다에서 표류할지, 아니면 스스로의 힘으로 헤엄쳐 나갈지는 모두 본인의 선택에 달려 있다. 자, 여러분이라면 어느 쪽을 선택할 것인가?

'시간의 바다'를 헤엄쳐 나가겠다는 각오를 다져라!

'타인 시간'에 이리저리 떠밀리는 인생

'개인 시간'을 헤엄치는 인생

헤엄치면 칠수록 인생이 훨씬 즐거워진다!

08 쑥쑥 크는 시기가 있다

 벽에 부딪치는 시기가 반드시 찾아오게 마련이다

이 책을 읽고 단 한 사람이라도 소통을 위해 블로그나 소셜 미디어를 이용하기 시작했다면 내가 책을 쓴 보람이 있는 셈이다.

소통을 시작하기 전에 한 가지 당부하고 싶은 것이 있다. 바로 소통을 시작하고 나면 누구나 한 번쯤 '벽'에 부딪친다는 점이다.

예를 들어 이메일 매거진을 발행하기 시작했다고 치자. 석 달이 지나고 반년이 지나도 이메일 매거진을 구독해 주는 사람은 가족 이니면 친구뿐인 경우도 배제할 수는 없다. 혹은 블로그를 만들어 열심히 게시물을 올려도 방문자 수가 고작 하루에 몇 명에 그치는 경우도 있을 것이다. 이런 경우 대부분 자신감을 잃어 스스로를 비하하거나, 아무도 나에게 관심을 가져주지 않는다고 좌절하는 모습을 보인다. 그러나 포기하기에는 아직 이르다. 부디 포기하지 말고 소통을 계속하라고 당부하고 싶다.

사실 무슨 일을 하건 하루가 다르게 실력이 쑥쑥 느는 '성장기'가 있다. 우리의 어린 시절을 떠올려 보자. 자전거를 타고 연습할 때 몇 번이고 넘어져 무릎이 까지고 온몸에 멍이 들어 눈물을 머금고도 자전거에 올라탔던 경험이 있으리라. 자전거 따위는 꼴도 보기 싫다고 생각하면서도 마지막으로 한 번만 더 타보자며 안장에 엉덩이를 올리고 비틀비틀 자전거를 출발시킨다. 그러는 사이에 쑥쑥 페달을 밟고 앞으로 나아가는 순간이 찾아온다! 뒤에서 잡아주는 사람이 없어도 혼자 자전거를 탈 수 있게 되었다는 기쁨에 환호성을 질렀던 추억이 새록새록 떠오를 것이다.

자전거를 배운 경험이 없는 사람이라면 학교 공부를 떠올려 볼 수도 있다. 어제까지 풀지 못하던 수학 문제를 갑자기 풀 수 있게 되었거나, 아무리 귀를 쫑긋 세워도 들리지 않던 영어 듣기 문제가 술술 들려왔던 순간을……. 극적인 변화는 기적도 마법도 아니다. 우리가 꾸준히 성실하게 같은 일을 반복하며 노력한 결과가 꽃이 피는 시기에 도달했을 따름이다.

다음 페이지의 그림은 경영 컨설턴트인 이시하라 아키라의 저서 《나만의 성공 곡선을 그리자: 시간 경영의 달인이 되는 법 (2008)》에서 소개한 그래프다. '성장 곡선도'라는 그래프의 이름 그대로, 노력의 양과 성과가 나타날 때까지 걸리는 시간을 그래프로 만든 것이다. 이만큼 노력했으니 이제 슬슬 성과가 나올 때가 되었다는 우리의 생각과 현실의 성과 사이에는 간극이 존재한다. 그런데 일정 지점을 지나면 단숨에 성장 곡선이 껑충 뛰어오른다.

하지만 안타깝게도 가장 간극이 커지는 지점에서 도무지 성과가 나오지 않는다고 진절머리를 내며 내팽개치는 사람이 많다. 조금만 더 계속하면 단숨에 눈에 보이는 성과가 나타나련만……. 애석하게도 대다수의 사람들이 그 고비를 넘기지 못하고 중도에 포기하고 만다. 그러나 좀처럼 결과가 나오지 않아 우울감이 극에 달했을 때, 의욕이 바닥을 치는 그때야말로 목표 지점에 한 발짝 다가선 순간임을 깨달아야 한다.

이것은 비단 블로그나 이메일 매거진뿐 아니라 인생 전반에 해당하는 진리다. 그러니 절대 포기하지 말고 꾸준히 계속해 보자. 결실은 바로 당신의 손 안에 있다.

'노력'과 '성과'에는 시간차가 있다

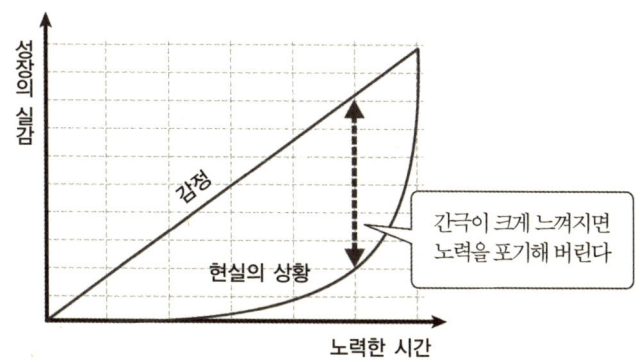

성공 곡선

성과가 눈에 보이지 않더라도 노력을 계속하면
머지않아 급격한 성장이 이루어진다!

Chapter.4

실천
Practice

내일부터 '아침 독서'를 시작하자

> 서점에 들어가는 천 명 중, 이 책을 집어 들고 훑어보기라도 하는 사람은 300명, 계산대까지 가져가 구입하는 사람은 30명, 책의 내용을 실천하는 사람은 3명이라는 말이다. 이 3명만이 '인생을 바꾸는 문'을 열 수 있다.

01 저자가 추천하는 '반드시 읽어야 할 10권의 책'

Chapter.4

 2,500여 권의 책 중에 엄선!

앞에서도 밝혔듯 나는 1997년부터 'Webook of the Day'라는 서평 전문 이메일 매거진을 발행하고 있다. 또 그동안 발행한 이메일 매거진을 정리한 공식 홈페이지인 'webook.tv'도 운영 중이다.

내가 이메일 매거진과 홈페이지를 통해 지금까지 소개한 책만 해도 무려 2,500여 권. 방대한 자료 중에서 내가 자신 있게 추천하는 '반드시 읽어야 할 10권의 책'을 소개하고자 한다.

다양한 '뇌 속 화학반응'을 일으키는 10권의 책

책 소개는 다음 순서로 이루어진다. 앞으로 소개할 10권의 책들은 나의

- 인생관
- 직업관
- 세계관
- 프레젠테이션 능력
- 사고력
- 지속력
- 숫자를 읽어내는 힘
- 리더십

등에 큰 영향을 주었다. 내가 추천하는 책을 읽은 독자 여러분의 뇌 속에서는 어떤 화학반응을 일어날지 기대된다.

《일이 꿈과 감동으로 넘치는 5가지 이야기》(국내 미출간)

> **한 줄 서평**
> 눈물을 닦을 손수건이 필요하다!

 이 책은 저자의 강좌를 들었던 수강생 및 저자가 기획한 기업 연수에 참가했던 사람들의 에피소드를 소개한다. 나는 이 책의 머리말에 해당하는 몇 페이지만 읽고도 눈물이 글썽글썽 맺히고 말았다. 이 책은 '일이란 무엇인가?', '꿈이란 무엇인가?'라는 화두로 깊이 있는 해답을 제시한다.

 저자는 이 책에서 '중요한 것은 성공이 아니라 포기하지 않겠다는 선택을 하는 것이다.'라고 말한다. 무슨 일에든 의미가 있고, 모든 사람은 각기 태어난 이유가 있다는 공감을 얻을 때 우리는 인생을 씩씩하게 걸어갈 용기를 얻을 수 있다. 멋진 인생을 살아가는 데 보탬이 되는 실마리가 알차게 담겨 있다.

- ▶ 저자 : 후쿠시마 마사노부
- ▶ 출판사 : 기코쇼보(きこ書房)
- ▶ 분량 : 140쪽
- ▶ 정가 : 1,575엔
- ▶ 출간일 : 2008-10-31

《천사는 당신 곁으로 걸어서 온다》

> ### 한 줄 서평
> ## 가짜가 진짜로 바뀐다!?

　주인공 '나'와 제과점을 열고 싶다는 순진무구한 소녀 '아야'의 이야기. '나'는 무역회사에 다니는 평범한 회사원이었지만 인간관계에 염증을 느껴 회사를 그만두고는 어느 성공한 기업가가 소유한 별장에서 관리인으로 일하게 된다. 차고에는 고급 외제차가 즐비하고 거실 책장에는 성공 철학이나 부자가 되는 법, 리더십에 관한 책들이 빼곡하게 꽂혀 있다. '내'가 막 별장 관리에 익숙해질 무렵, 작가이기도 한 별장 주인을 만나러 왔다는 소녀 '아야'가 나타난다. '나'는 별장 관리인이라는 말을 꺼내지 못하고 엉겁결에 별장 주인 행세를 하고 만다. 얼떨결에 소녀의 '멘토'가 되어버린 주인공과 제과점을 열고 싶다는 꿈을 가진 '아야'의 기묘한 만남이 시작되는데…….

　인생에서 성공하는 비결을 재치 넘치는 이야기로 풀어낸 책이다.

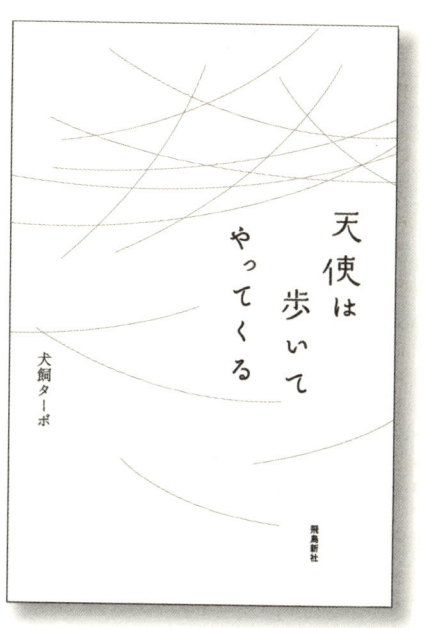

- ▶ 저자 : 이누카이 타보
- ▶ 출판사 : 하늘눈
- ▶ 분량 : 247쪽
- ▶ 정가 : 9,000원
- ▶ 출간일 : 2009-8-12

《미래를 예견하는 5가지 법칙》

한 줄 서평
인생을 바꾸는 책이 될 수도……

우리가 학교에서 배운 역사 속에는 큰 전환기가 몇 번이고 등장한다. 패러다임이 완전히 바뀌는 시대의 물결을 높은 곳에서 내려다볼 수 있다는 것이 역사를 공부하는 묘미다.

지금 우리가 사는 시대에도 일대 전환의 파도가 다가오고 있다. 이 책은 세계의 패러다임 변화를 변증법적 관점에서 해석하고 미래를 예견한다. 저자는 변증법이라는 패러다임을 통해 미래 여행을 하듯 자신이 예견한 미래상을 우리에게 보여준다.

'미래는 예측할 수 없다. 그러나 미래를 예견할 수는 있다'는 게 이 책의 요지다. 시대의 흐름을 간파하는 힘을 익히고 넓게 열린 시야의 중요성을 느껴 보자.

- 저자 : 다사카 히로시
- 출판사 : 나라원
- 분량 : 240쪽
- 정가 : 12,000원
- 출간일 : 2009-12-15

《단박에 통하는 전달의 힘》

한 줄 서평
소박한 의문일수록 심오하다

이 책은 저널리스트인 저자가 '전달'이란 무엇인지, 전달의 궁극적 의미를 이해하기 쉽게 해설한 책이다. 이 책 첫머리에는 "은행이 뭐예요?"라는 아이의 물음에 대해 설명하는 대목이 나온다. 발권은행, 시장, 통화 등의 어려운 단어를 이리저리 늘어놓아도 아이는 고개만 갸우뚱할 뿐이다. 만약 내가 어린아이에게 "은행이 뭐예요?"라는 질문을 받는다면 아마 식은땀을 뻘뻘 흘리다 결국 꿀 먹은 벙어리가 되고 말 것 같다.

'말하기, 쓰기, 듣기'라는 커뮤니케이션 능력을 어떻게 갈고 닦을 수 있는지 알기 쉽게 구체적으로 해설하는 책이다.

- 저자 : 이케가미 아키라
- 출판사 : 한언
- 분량 : 200쪽
- 정가 : 9,800원
- 출간일 : 2008-2-15

《창조적 발견력》

> **한 줄 서평**
> '아하, 그렇구나!' 하는 깨달음을 주는 책

평소 무심하게 바라보던 사물이라도 시간을 들여 찬찬히 관찰하면 의외의 사실을 발견할 수 있다. 새로운 사실을 발견하기 위해서는 '시점'이라는 렌즈가 필요하며, 때로는 정형화된 기존의 렌즈를 빼내고 새로운 렌즈로 대상을 관찰할 필요가 있다. 컨설턴트로 일하는 저자가 '사물의 본질을 파악하기' 위해서는 '관심'이 필요하며, '가설'을 세워 바라보는 것이 중요하다고 우리를 일깨워 준다.

샐러드 바의 토마토 꼭지로 호텔의 수준을 간파하고, 홋카이도 아사히야마 동물원의 인기의 비밀을 파헤치고, 닛케이 신문의 숫자를 분석하는 법 등 일상적인 대상을 종횡무진 넘나드는 경쾌한 전개는 시간 가는 줄 모르고 책에 몰입할 만큼 흥미진진하다. 비즈니스맨이라면 반드시 읽어야 할 책!

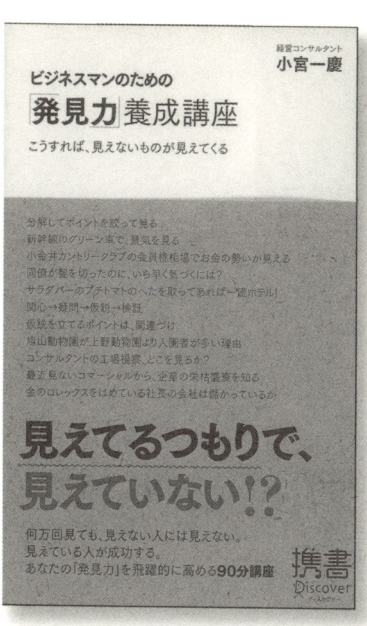

- ▶ 저자 : 고미야 가즈요시
- ▶ 출판사 : 토네이도
- ▶ 분량 : 176쪽
- ▶ 정가 : 10,000원
- ▶ 출간일 : 2008-5-20

《생각이 많아 행동하지 못하는 사람을 위한
'바로 실천하는!' 기술》(국내 미출간)

한 줄 서평
보기 전에 날아라!
그대에게는 날아오를 특권이 있다

저자인 구메 노부유키는 일본의 유명 섬유기업인 '구메 섬유공업'을 물려받아 3대째 사장을 맡고 있다. 그는 경영자이자 작가이자 파워 블로거이며, 메이지대학교에서 강사로 일하는 등 실로 광범위한 범위에서 정력적으로 활동하는 인물이다.

이 책은 저자가 강의 중인 메이지대학교의 강의 '벤처 비즈니스론'과 '창업 플래닝론'을 바탕으로 엮었지만, 이론적인 내용을 담은 수업용 교재일 거라는 추측은 오산이다. 오히려 '지나치게 생각이 많아 행동하지 못하는' 젊은 비즈니스맨에게 꼭 필요한 책이다.

상대방의 마음을 여는 기술과 주변을 신경 쓰지 않고 바로 행동에 나서는 법 등, 사회에서 살아남기 위해 필요한 정수를 알차게 담아냈다. 스스로의 정체성을 찾고 개성을 빛내는 삶을 살기 위해 특별한 기술이나 어려운 자격증, 비범한 능력 따위는 필요하지 않다며 읽는 이에게 용기를 주는 책이다.

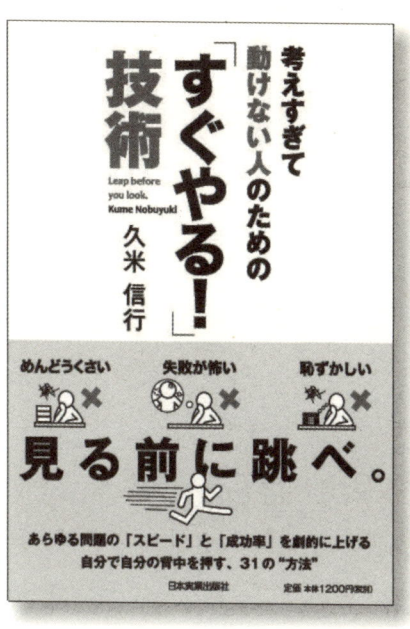

- ▶ 저자 : 구메 노부유키
- ▶ 출판사 : 니혼시쓰교출판사(日本実屎業出版社)
- ▶ 분량 : 174쪽
- ▶ 정가 : 1,260엔
- ▶ 출간일 : 2008-8-22

《숫자 센스로 일하라 : 일 잘하는 직장인의 필수 스펙》

한 줄 서평
'읽기' + '생각하기' + '소통하기'를 위한 숫자

사람의 품격은 얼굴에 고스란히 드러난다. 비즈니스의 실태는 숫자에 드러난다. 그러나 때로는 겉만 보고 사람을 판단해서 실수를 저지르기도 하고, 숫자에만 정신이 팔려 본질을 간과하기도 한다.

숫자에는 두 종류가 있다. 의도적인 마케팅 숫자와 본질적인 문제가 배후에 숨겨져 있는 '숨겨진 숫자'가 그것이다. 이 책은 '숫자 감각'을 갈고닦아 숨겨진 숫자에 속아 넘어가지 않고 문제 해결 능력을 함양하는 방법을 가르쳐 준다.

저자는 '문제 해결력 = 문제점을 파악하는 능력 × 해결책을 제안하는 능력 × 해결책을 실행하는 능력'이라고 말한다. 또한 비즈니스 문제를 해결하기 위해서는 '숫자를 활용해 문제를 단적으로 파악하는 것이 효과적'이라고 주장한다. 숫자를 현명하게 활용할 줄 아는 비즈니스맨이 되기 위해 반드시 읽어야 할 책이다.

- ▶ 저자 : 모치즈키 미노루
- ▶ 출판사: 교보문고
- ▶ 분량: 172쪽
- ▶ 정가: 10,000원
- ▶ 출간일: 2009-9-25

《만약 고교야구 여자 매니저가 피터 드러커를 읽는다면》

> **한 줄 서평**
> 경제·경영 서적은 머리로 이해하기보다
> 가슴으로 느끼는 게 낫다

    NHK의 애니메이션 《모시도라》의 원작으로 유명세를 탄 이 책은 고등학교 야구부 여자 매니저의 눈을 통해 피터 드러커의 매니지먼트 이론을 이해하기 쉽게 전달하는 책이다.

    주인공은 야구부의 신입 매니저인 가와시마 미나미. 미나미가 다니는 도립 호도쿠보 고등학교(일명 호도고)는 명문대 합격생을 많이 배출하기로 명성이 자자한 입시 명문이다. 자연히 입시와는 직접 연관이 없는 야구부의 실력은 고만고만하고 고시엔 대회 우승을 바라볼 수준이 아니었다. 미나미가 빈말로도 강하다고 할 수 없는 야구부의 매니저를 맡게 된 데는 나름의 사정과 이유가 있었는데…….

    마음을 파고드는 이야기 속에 피터 드러커의 '매니지먼트 이론'의 정수를 절묘하게 엮은, 책장이 술술 넘어가는 책!

- ▶ 저자 : 이와사키 나쓰미
- ▶ 출판사 : 동아일보사
- ▶ 분량 : 263쪽
- ▶ 정가 : 12,000원
- ▶ 출간일 : 2011-5-1

《내 인생을 바꾼 아버지의 다섯 가지 가르침》

한 줄 서평
모든 사건은 서장에 지나지 않는다

이 책은 '이상적인 인생'을 꿈꾸며 상경한 청년이 인생의 종반에 다다라 자신의 인생을 되돌아본다는 스토리텔링 형식으로 구성되어 있다. 백발이 성성한 노인이 된 '과거의 청년'은 인생을 살아가는 해법을 자신의 아들에게 전하기 위해 혼신의 힘을 담아 편지를 쓴다.

'사람은 남과 비교하며 행복이 무엇인지를 결정한다.'

'지금의 안정된 생활이 앞으로도 계속 이어지리라고 멋대로 믿는다.'

어느새 굳어버린 세간의 상식을 깨부수는 것이 참으로 행복한 인생을 걷기 위해 필요하다는 깨달음을 준다. 그리고 '평범한 사람이 실패라고 부르는 사건이야말로 인생의 감동과 감사로 이어진다'고 깨달을 때, 인생의 문이 열린다. 만약 내가 독자 여러분의 상사나 선배였다면 반드시 일독하기를 권하고픈 책이다.

- ▶ 저자 : 기타가와 야스시
- ▶ 출판사 : 마음과마음
- ▶ 분량 : 216쪽
- ▶ 정가 : 10,000원
- ▶ 출간일 : 2011-3-10

《일본에서 가장 사랑받는 회사》

한 줄 서평
무심코 눈물이 뚝뚝. 이런 회사에서 일하고 싶다

이 책의 저자 사카모토 코지는 지금까지 6천 개가 넘는 기업을 조사해 왔다. 나는 이 책을 읽고 '일본에 이렇게 멋진 회사가 많았던가?' 하고 새삼 놀랐다. 멋진 기업이라고 해서 일부 상장 대기업이나 〈포춘〉지에 실릴 만큼 국제적인 기업들을 말하는 것이 아니다. 이 책이 소개하는 기업 중엔 한 번도 그 이름을 들어본 적 없는 지방의 작은 중소기업도 있다.

예를 들어 시즈오카현 미시마시에 있는 직원 80여 명의 기업에는 입사를 희망하는 지원자가 일본 전역에서 1년에 만 명 이상 몰려든다고 한다. 또 50명의 직원 중 70퍼센트가 장애인이라는 분필 제조 기업의 경영자는 일본 최고 경영인에게 수여한다는 시부사와 에이치상을 수상했다.

사회에 공헌하는 기업을 만들겠다는 기업 이념을 내걸고 열심히 일하는 기업의 모습은, 신기하게도 읽는 이에게 용기를 준다. 읽다 보면 나도 모르게 눈시울이 붉어지는 이야기도 있다. 무엇을 소중하게 여기며 일에 임해야 하는지 이런저런 깨달음을 얻을 수 있다. 지금 하는 일을 앞으로도 계속해야 할지, 하루에도 수십 번씩 사표를 쓸까 말까 고민하는 비즈니스맨에게 추천하는 책이다.

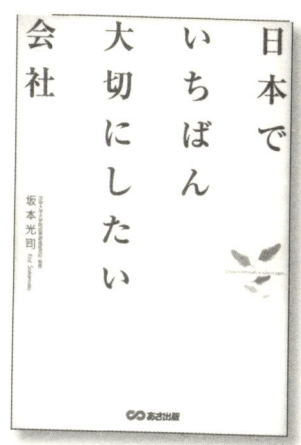

▶ 저자 : 사카모토 코지
▶ 출판사 : 지식여행
▶ 분량 : 208쪽
▶ 정가 : 12,000원
▶ 출간일 : 2009-8-20

Chapter.4

02 행동하는 '0.3%'의 사람이 되라

🧑‍🦰 '인생을 바꾸는 문'을 열기 위해

드디어 이 책도 마지막에 접어들었다. 끝까지 책장을 덮지 않고 읽어주신 독자 여러분께 고개 숙여 감사의 인사를 드린다. 아마 여기까지 책을 읽은 독자라면 내일부터 아침 독서를 시작해 보겠다는 의지와 투지가 넘치는 사람일 것이다. 그리고 나 역시 여러분이 행동으로 실천하리라고 확신한다.

그러나 사실 우연히 손 안에 들어온 책을 구입해서 마지막 장까지 읽고 책의 내용을 실천하는 사람은 극히 일부에 지나지 않을 것이다. 얼마나 적은지 숫자로 확인해 보자.

서점에서 선 채 책을 집어 들고 읽은 사람 …… 30%
책을 구입해 끝까지 읽은 사람 …… 3%

이 책의 내용을 실천하는 사람 …… 0.3%

요컨대 서점에 들어가는 천 명 중, 이 책을 집어 들고 훑어보기라도 하는 사람은 300명, 계산대까지 가져가 구입하는 사람은 30명, 책의 내용을 실천하는 사람은 3명이라는 말이다. 이 3명만이 '인생을 바꾸는 문'을 열 수 있다. 그러므로 나는 이 3명을 위해, 즉 당신을 위해 이 책을 썼다.

당신이 일찍 일어나 책을 읽고 책의 내용을 소통의 매개로 삼아 '인생을 바꾸는 문'을 여는 3명 중 한 사람이 되리라고 확신한다.

행동하는 '0.3%'의 사람이 되자

깨달은 사람
전체의 **30%**

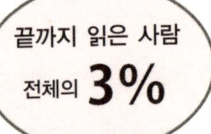

끝까지 읽은 사람
전체의 **3%**

행동하는 사람
전체의 **0.3%**

성과가 눈에 보이지 않더라도 노력을 계속하면
머지않아 급격한 성장이 이루어진다!

권말부록
'만남'의 장

저자가 직접 제공한
'저자와의 대담'을 소개합니다

▶ **Webook of the Day(webook.tv)**

저자의 감성으로 엄선한 책의 메시지를 한 권씩 이메일 매거진으로 발행한다.

1997년에 시작해 10년 이상 운영한 사이트. 이메일 매거진에는 저자의 인생과 책에 관한 이야기가 잘 짜인 태피스트리(여러 가지 색실로 그림을 짜 넣은 직물)처럼 촘촘하게 엮여 있다. 일방적으로 서평을 전달하기보다 일상의 이야기와 느낌을 글로 풀어 공유하며 소통하는 데 중점을 두고 있다.

동시에 독자의 공감을 유도하고, 장기적으로는 '우리 아이들에게 남기는 유언'이기도 하다. 10년 이상 구독한 독자나 책이 인연이 되어 생긴 친구도 많다. 메뉴에서 기간 별로 책을 선택해 읽을 수도 있고, 간편하게 이메일 주소를 등록해 이메일로 서평을 받아볼 수도 있다.

▶ **100권 클럽(webook.tv/100books)**

《일과 인생에 약이 되는 100권의 책》 출간을 기념해 2005년 애서가들이 모이는 사이트를 만들었다. 수시로 오프라인 모임을 여는데, 20~30명이 참석해 각자 자신이 좋아하는 책을 들고 와 소개하며 책 이야기로 이야기꽃을 피우는 즐거운 모임이다.

  장소는 도쿄 하라주쿠의 HR비전오피스. 모임에서는 책을 소개한 후 대개 인상 깊었던 구절이나 사회에 도움이 될 만한 내용 등을 이야기하는 Moso(일본어의 '망상'이라는 발음을 그대로 영어로 적어 만든 이름) 회의를 여는 게 일반적이다. 매번 끝나는 게 아쉬울 정도로 분위기가 달아오른다.

  2007년 2월 9일(책의 날), Moso가 실행하고 세계 최초의 사회공헌형 콜라보레이션북이 탄생했다. 여러분도 Moso에 오면 유쾌한 친구들을 만날 수 있다! 관심이 있는 독자는 홈페이지에서 일단 이메일 주소부터 등록하자!

▶ **맥북 카페**(macbookcafe.jimdo.com)

  2010년 연말, 도쿄 지요다구의 히라카와초(平河町)에 있는 맥도날드가 심상찮은 열기로 후끈 달아올랐다. 새로운 디자인을 채용한 점포에서 책을 좋아하는 책벌레들이 모여 각자 좋아하는 책을 소개하며 차츰 대화가 고조되기 시작했다. 그 모임이 맥북 카페의 시작.

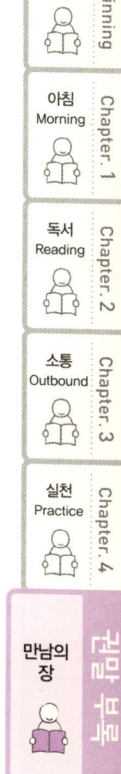

앞에서 소개한 100권 클럽의 카페 버전으로, 한 달에 한 번 꼴로 주로 맥도날드에서 모임을 개최한다. 책을 소개한 후에는 '응원하고 싶은 책'과 '선물하고 싶은 책' 등을 투표한다. 경쟁하지 않고 비교하지 않으면서 공감하고 소통하는 것이 맥북 카페의 분위기이며, 모임에 참가하는 사람들의 특징이다.

모임에 참가하려면 Webook of the Day 사이트에서 참가 신청을 하거나, 100권 클럽 사이트에 이메일 주소를 등록하면 모임의 개최 일시를 메일로 받아볼 수 있다. 요즘에는 맥도날드 대신 스타벅스의 룸을 이용하는 '스타벅스 카페'도 개최하고 있다.

 **책을 마치면서**

이 책의 핵심 메시지는 '아침에 책을 읽자'이다. 아침 독서의 전제로는 '독서는 인생을 풍요롭게 해주는 멋진 행위다.'라는 생각이 자리 잡고 있다. 독서의 효용에 이론을 제기하는 사람은 아마 없으리라. 이 책을 통해 독서의 가치를 재발견하고, 스스로의 인생을 독서라는 멋진 행위로 개척할 수 있기를 바란다.

인생은 즐거운 일로 가득하다. 그리고 즐거운 일과 엇비슷한 비율로 괴로운 일이나 슬픈 일이 일어난다. 인생에서 벌어지는 그 모든 일들을 어떻게 받아들이고 해석할지, 그것이 인생의 성공과 행복을 가르는 크나큰 요인이라고 나는 믿는다.

인생에서 성공하고 행복을 얻기 위해서는 단순한 지식의 습득이 아닌, 사고방식과 대처 방법이라는 지혜가 중요하다. 그렇다면 어떻게 '마음의 해석력' 혹은 '통찰력'

을 갈고닦을 수 있을까? 깨달음을 얻기 위해 사찰이나 명산에 들어가 고행에 가까운 수행을 하는 방법도 있겠지만, 일반적으로는 쉽사리 실행하기 어렵다.

누구나 할 수 있는 방법은 '좋은 사람과의 만남' 혹은 '좋은 책과의 만남'이다. 전자의 경우 학교 선생님이거나 직장 선배일 수도 있다. 좋은 사람과의 만남은 우연과 타율적인 요소가 다분하다. 물론 스스로 가르침을 구하기 위해 누군가를 찾는 일도 가능하겠지만, 멘토를 찾는 데는 상당한 노력과 에너지가 필요하다. 한편 후자는 만 원짜리 한 장으로 구입할 수 있는 책을 읽으면 그만인지라, 비교적 진입 장벽이 낮다.

그렇다면 어떤 책을 읽어야 할까? 가장 쉽고 효과적인 방법은 친한 사람이나 존경하는 사람이 추천해 주는 책을 읽는 것이다.

'독서란 저자의 영혼과의 해후다.'라는 문예평론가 가메이 가츠이치로(井勝一朗) 선생의 말씀을, 나는 다사카 히로시(田坂志) 씨의 가르침을 통해 알게 되었다. 인생을 풍요롭게 하는 '독서'라는 행위가 우리의 인생에 깊이를 더함을 깨달을 때, 독서의 가치를 다시금 느꼈고 더 많은 사람들에게 책 읽기의 즐거움을 전하고 싶다고 생각하게 되었다.

좋은 책을 소개받아(혹은 누군가에게 소개하고), '아침'이라는 좋은 시간에 읽으며, 하루의 문을 연다……. '아침 독서'라는 작은 습관과 작은 소통이 쌓이고 쌓이면 분명 우리의 인생은 더 나은 방향으로 나아갈 것이다. 이 책이 독자 여러분의 인생을 풍요롭게 하는 작은 계기가 되어준다면, 저자인 나로서는 더할 나위 없는 기쁨일 것이다.

책은 많은 사람의 버팀목이 되어왔다.

편집자인 다케무라(竹村俊介) 씨와 주게출판(中経出版)의 마에다 히로야(前田浩弥) 씨에게는 기획 및 집필, 구성의 모든 단계에서 큰 신세를 졌다. 또한 구상과 집필 단계에서 쇼라쿠(書楽)의 다키가히라 마사코(滝ヶ平貞佐子) 씨, 와다 히데코(和田秀子) 씨의 전폭적인 지원을 받았다. 이 자리에서 다시 한 번 감사의 인사를 올린다.

이 책을 지금은 이 세상에 없는 돌아가신 부모님과, 이국의 땅에서 가족의 버팀목이 되어주는 아내 그리고 사랑하는 두 딸에게 바친다.

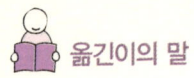 옮긴이의 말

 '개인 시간'을 늘리고 '타인 시간'을 줄이기 위해 본문에서 추천하는 3가지 조언에다 트렌드에 맞는 한 가지 조언을 덧붙이고 싶다. 바로 '스마트폰을 손에서 그만 내려놓으라'는 조언이다. 공갈젖꼭지가 없으면 울음을 터트리는 젖먹이 아기처럼 스마트폰이 없으면 불안을 느끼는 스마트폰 중독자가 나날이 늘고 있다는 뉴스를 본 적이 있다. 적어도 아침 독서를 하는 30분 동안만이라도 몸의 일부처럼 떼어놓지 않는 스마트폰과 이별하는 시간을 가져 보자.
 요즘 지하철을 타면 무료로 대화할 수 있는 어플리케이션을 이용해 친구들과 잡담을 주고받거나, 소셜 게임이라는 이름의 단순 반복성 게임을 즐기는 사람들의 모습을 손쉽게 찾아볼 수 있다. 심한 경우에는 7명이 앉는 지하철 의자 전체의 7명이 전부 약속이라도 한 듯, 스마트폰을 손에 들고 무언가에 열중하고 있는 모습도 목격한 바 있다. 머리가 희끗희끗한

한 신사가 스마트폰으로 고스톱 삼매경에 빠져 있을 때, 그 옆에는 교복을 입은 여학생이 빠른 손놀림으로 국민 SNS 게임에 푹 빠져 있고, 또 그 옆에 양복을 입은 한 아저씨는 스마트폰 화면에 숫제 코를 박고 인터넷 뉴스를 보고 있었다. 이처럼 메신저 대용으로 사용하는 어플리케이션이나 공짜 게임 역시 야금야금 개인 시간을 훔쳐가는 시간 도둑임을 깨달을 필요가 있다.

나 역시 퍼즐 맞추기 식의 단순한 게임을 좋아하는지라 한동안 무료 게임에 푹 빠져 지낸 적이 있다. '한 판만 더, 한 판만 더, 진짜 이번이 마지막 판이야!' 라며 게임을 하다 보면 30분쯤은 우습게 흘러간다. 부끄럽지만 결국 그 게임이 유료화 된 덕분에 중독에서 벗어날 수 있었다. 돈이 아까워서 유료 결제를 하지 않았던 게 결국 개인 시간을 늘리는 긍정적인 결과로 이어졌던 셈이다.

어쨌든 기술이 발전할수록 우리의 시간을 잡아먹는 시간 도둑들이 기승을 부린다. 마음을 독하게 먹고 몰아내지 않으면, 어느새 시간 도둑이 우리의 일상에 떡하니 자리를 잡고 한 식구마냥 살아간다. 이 얄미운 시간 도둑들을 쫓아내기 위해서는 이 책에 나오는 3가지 조언과 더불어 '스마트폰 내려놓기'

라는 약속을 스스로 지켜야 한다고 믿는다.

내가 하고 싶은 일은 개인 시간이 아니면 할 수 없다. 하고 싶은 일을 마음껏 할 수 있는 시간을 늘리고 싶다면 지금 당장 안방을 차지하고 앉은 시간 도둑을 몰아내야 한다! 이 책을 무기로 삼아 시간 도둑의 엉덩이를 시원스럽게 걷어차서 안드로메다로 날려버리자!

하고 싶은 일을 하며 사는 것이 인생의 행복이라면 개인 시간을 늘려서 하고 싶은 일을 더 많이 할 수 있게 된다면 행복의 총량이 늘어나지 않을까? 그리고 시간 도둑을 몰아낸 자리에는 '아침 30분 독서'라는 유익한 벗을 초대하자. '아침 30분 독서'는 행운을 부르고 액운을 걸러준다는 복조리처럼 여러분의 인생에 행복의 양을 더해 줄 것이다.

개인 시간을 늘려 인생의 목표인 행복으로 가는 첫걸음으로, '아침 30분 독서'를 시작해 보는 건 어떨까?

나만의 '아침 독서' 리스트

 도서명 :

한 줄 서평

인상 깊은 구절

읽은 도서명

▶ 저자 :
▶ 출판사 :
▶ 분량 :
▶ 정가 :
▶ 출간일 :

도서명 :

한 줄 서평

인상 깊은 구절

읽은 도서명

- ▶ 저자 :
- ▶ 출판사 :
- ▶ 분량 :
- ▶ 정가 :
- ▶ 출간일 :

도서명 :

한 줄 서평

인상 깊은 구절

읽은 도서명

▶ 저자 :
▶ 출판사 :
▶ 분량 :
▶ 정가 :
▶ 출간일 :

도서명 :

한 줄 서평

인상 깊은 구절

읽은 도서명

- ▶ 저자 :
- ▶ 출판사 :
- ▶ 분량 :
- ▶ 정가 :
- ▶ 출간일 :

 도서명 :

한 줄 서평

인상 깊은 구절

읽은 도서명

- ▶ 저자 :
- ▶ 출판사 :
- ▶ 분량 :
- ▶ 정가 :
- ▶ 출간일 :

 도서명 :

한 줄 서평

인상 깊은 구절

읽은 도서명

- ▶ 저자 :
- ▶ 출판사 :
- ▶ 분량 :
- ▶ 정가 :
- ▶ 출간일 :

인생을 바꾸는 아침 30분 독서

1판 1쇄 발행 2012년 12월 28일
지은이 마쓰야마 신노스케 **옮긴이** 서수지
기획편집 조윤지 **디자인** 최영진

펴낸곳 책비 **펴낸이** 조윤지 **등록번호** 215-92-69299
주 소 경기도 성남시 분당구 야탑동 시그마3 918호
전 화 031-707-3536 **팩 스** 031-708-3577
블로그 blog.naver.com/readerb

'책비' 페이스북 www.facebook.com/TheReaderPress
'아침1시간 노트' 페이스북 www.facebook.com/morningnote

Copyright ⓒ 2012 마쓰야마 신노스케
ISBN 978-89-97263-33-2

책값은 뒤표지에 있습니다. 잘못된 책은 구입처에서 교환해 드립니다.

> 책비(TheReaderPress)는 여러분의 기발한 아이디어와 양질의 원고를
> 설레는 마음으로 기다립니다. 출간을 원하는 원고의 구체적인 기획안과
> 연락처를 기재해 투고해 주세요. 다양한 아이디어와 실력을 갖춘 필자와
> 기획자 여러분에게 책비의 문은 언제나 열려 있습니다.
> 이메일 readerb@naver.com